Quiromancia

© Editorial De Vecchi, S. A. 2019
© [2019] Confidential Concepts International Ltd., Ireland
Subsidiary company of Confidential Concepts Inc, USA
ISBN: 978-1-64461-413-6

Equipo Ómicron

QUIROMANCIA

dve
PUBLISHING

Índice

Introducción

Quien es capaz de leer en la palma de la mano es capaz de asomarse a la vida, a la vida en general y a la vida en particular. Porque la vida se reduce a rostros que se esfuerzan por disimular, por ocultar, por alterar la verdad.

Y también hay manos que hablan incesantemente a quien sabe comprender el lenguaje de sus formas, de sus movimientos y, sobre todo, de sus líneas. Manos que hablan de lo que es el carácter y de lo que guarda el destino. Manos que revelan intenciones y que tienen trazado el camino que seguirá la totalidad del cuerpo, de la mente y del alma.

Los ojos de los quirománticos leen lo que el destino escribió. Lo descifran, lo anticipan y lo anuncian desde hace muchos miles de años. Más de los que pueda contar religión alguna, más incluso de lo que registra la historia, pero no lo suficiente para que su conocimiento se borrara de la mente humana, aunque ha estado a punto.

Las manos hablan

Según los grandes maestros, apenas queda nada más que el conocimiento elemental. En la Antigüedad, los indios, los hebreos, los egipcios, los asirios, los babilonios y tantos otros pueblos de mirada trascendente hallaron en la quiromancia la ventana hacia lo desconocido. Ventana a la que solían asomarse en todo momento de duda para que la corriente de lo infinito consolara a los seres atrapados en el inmenso desconcierto. Pero, pese a todo, la mano sigue siendo la gran reveladora; el mapa de la naturaleza esencial que hace a cada individuo absolutamente distinto a los demás, a pesar de, a la vez, seguir siendo su semejante.

La base de todas las ciencias ocultas

Debido precisamente a su capacidad reveladora, los grandes magos, los que dejaron huella, sostuvieron en su momento que la quiromancia era la base de todas las ciencias ocultas, la que permitía el conocimiento profundo del ser humano, la que mostraba en un plano único pasado, presente y futuro, además de desvelar todos los recovecos del auténtico carácter de la persona y de sus verdaderos sentimientos.

Y así lo dejaron dicho en los libros secretos del Islam, en los de Job y el Zohar, en el Apocalipsis de San Juan y en la mayoría de los más remotos testimonios, así como en las tradiciones, que utilizan a las generaciones como páginas de libros no escritos, pues se transmiten oralmente de generación en generación.

Tal ha sido el caso de la raza gitana. Las mujeres de este pueblo han mantenido viva la tradición que considera las líneas de la mano la revelación capital de la existencia, dividida, sin embargo, en tres formas de ver o apreciar la mano: la quiromancia, la quirognomía y la onicomancia, aunque el orden en que las citamos no es, en absoluto, significativo. Dependiendo del momento concreto dentro de la existencia en que se encuentre el individuo, la revelación se basará en una de las tres formas citadas, ya que una de ellas será entonces y sólo entonces la portadora del mensaje más importante. Por esta razón, convendrá que conozcamos en qué consiste no sólo la quiromancia sino también cada una de las tres especialidades diferentes que, no obstante, encuentran todas su fundamento en la mano.

Quirognomía y onicomancia

La quirognomía es una rama del estudio de la mano. Su etimología indica que se ocupa del conocimiento de la mano, pero se trata del conocimiento global, por lo que constituye la primera etapa de la adivinación por la mano: la valiosa *primera impresión*. Es la apreciación instantánea de su forma, consistencia, piel, proporciones, movimientos, nervios y de su contacto.

De aquí se desprenden los conocimientos generales sobre el carácter, sobre la sexualidad y, en general, sobre el temperamento de la persona, incluso los alcances y la sutileza de su inteligencia.

Sobre estos aspectos, por ejemplo, han llamado la atención algunos hechos que han alcanzado fama y que iremos mostrando y demostrando a lo largo de este libro. El primero de ellos es una verdad de características insólitas y se refiere a una ley quirognómica: «las manos más bellas y blandas pertenecen a los hombres más duros». Ciertamente, por incomprensible ironía, estas son las que más se han ensangrentado, las que más dolor han infligido, las que menos amor han puesto en la caricia: son, las de los dictadores más inconmovibles.

Son múltiples los testimonios históricos que insisten en la belleza de las manos de Napoleón, por ejemplo. Y las manos de Hitler causaron sorpresa, ya que muchas personas de las que le conocieron de cerca aseguraron que poseía manos de artista. Las manos de Benito Mussolini fueron también motivo de enorme admiración, por más que con su exquisita forma significaran casi una desproporción con su naturaleza militar, con el cuadro de su poderosa mandíbula, el bloque granítico de su cabeza, su cuerpo grueso y macizo, y su expresión avasalladora.

Como contrapunto a lo que acabamos de decir, existe otra ley quirognómica: «cuando el destino se burla, ascienden los descalificados». Un claro ejemplo sería Pinochet, cuyas manos son como su voz: demasiado finas y quebradizas; casi de enfermo. De hecho, las manos de este hombre no señalan al dictador, sino al oportunista que ha conseguido atrapar el poder en uno de sus tumbos y retumbos; habiendo nacido sin atributo especial alguno, entre sus habituales y brutales carcajadas, el destino lo elevó por encima de los mejor dotados. Quizá se trate de una dolorosa lección de humildad. Los grandes magos de todos los tiempos saben que los extremos se tocan. Y esta es la época de las risas más estentóreas del destino. ¿Acaso no fue puesta la figura del loco, del cómico, del bufón desdentado y rebosante de pústulas malignas sobre la silla del gobernante del mundo? Y estaba profetizado.

En cuanto a la onicomancia, es una técnica adivinatoria que se practica preferentemente para adivinar el porvenir de los niños, por medio del examen de los trazos o figuras que les quedan señalados en las uñas, untadas previamente con aceite y hollín.

Manos vemos y corazones entrevemos

Pero sigamos con las manos y sus formas. De hecho, no sólo cuenta su forma real, sino también la que adoptan como más propia y frecuente. Es decir, su posición habitual. Así, para saber el grado de confianza que puede concederse en principio a la persona con la que hablamos, observemos si tiende a mantenerlas abiertas o, por el contrario, las mantiene apretadas en un puño, o simplemente con los dedos suavemente flexionados. En este caso hay que decir que la mano que permanece sin abrirse está denunciando un espíritu, una mente y unas intenciones que tampoco desean abrirse, mostrarse, dejarse ver como realmente son.

La mano que mantiene los dedos flexionados permanentemente, o durante la mayor parte del tiempo, pero sin imprimir mayor fuerza en esta posición, está ocultando algo. Esta es una verdad que ya reconocen abiertamente los científicos que estudian el lenguaje del cuerpo.

En cuanto a la que se cierra en puño, aun cuando esto no implique amenaza ni denote ninguna emoción poderosa, siempre estará señalando un espíritu conflictivo, inseguro, poco digno de confianza. De hecho, no suele ser la mano característica del temperamento combativo ni la de una persona que está dispuesta a imponerse en determinada situación o circunstancia, sino tan sólo la de quien pretende ejercer un cierto grado de dominio sobre sí mismo sin conseguirlo. Es el gesto manual de la inseguridad, de la frustración, de la incapacidad para alcanzar lo que se cree merecer, así como de la disposición para culpar de ello a alguien más.

El puño es un símbolo ambivalente

Si deseamos definir una situación de violencia a partir del puño, comprobaremos que únicamente se corresponde con determinado tipo de mano: la gruesa y de dedos cortos. Los otros tipos de mano podrán elegir mejor el momento de desahogar la ira, u optar por otros medios de zanjar el problema surgido como seguiremos viendo y, por el contrario, podrán también imponer a la caricia la misma naturaleza que en otro momento pudieran proyectar mediante la amenaza o la franca agresión. Pero existen señales aún más claras que la que aquí nos ocupa, señales que han de captarse mediante el estudio y el ejercicio constante de la quiromancia, cuya esencia empezaremos a exponer en seguida de la manera más directa y breve posible.

Qué es la quiromancia y quién puede practicarla

La quiromancia es una actividad eminentemente oriental. Aún hoy puede verse a los quirománticos en China, Egipto, Siria e India, entre tantos otros países, en abierta y muy respetada consulta, instalados en sus concurridos establecimientos.

Por supuesto, estos personajes también existen entre nosotros, pero se les consulta con más curiosidad que confianza. De hecho, son muchos los restaurantes y los bufetes donde se lee la mano de quien tiene necesidad o curiosidad por conocer su carácter o por establecer las posibilidades que le aguardan en una empresa, pero debemos decir que en estos círculos es innegable el intrusismo; es decir, abundan las personas que se lanzan a practicar una supuesta quiromancia sin tener la más remota idea de lo que van a hacer y a decir, basándose únicamente en una supuesta capacidad psicológica para deducir el carácter de la persona con sólo observar su forma de moverse y oírla hablar.

Pero, como en todo, el maestro es reconocido y considerado de inmediato, mientras que el aprendiz se delata sin advertirlo siquiera. El mayor perjudicado será el consultante que, habiendo dado con un charlatán no sabrá entonces a dónde acudir, y siempre tenderá al recurso más fácil: retirarle su fe o su confianza no sólo al embaucador que le ha defraudado, sino a la quiromancia misma. Las propias gitanas se han entregado en gran número a la falsificación del arte de su raza; a muchas les resulta más sencillo encadenar una serie de elogios y buenos augurios para el cliente, recitados a toda velocidad y cobrados más rápidamente aún, en vez de tener que indagar en las profundidades de su naturaleza oculta para plantearle efectivamente su presente, su pasado y su futuro, así como señalarle los principales escollos de su carácter.

Esto mismo, sin embargo, comporta que la persona que conoce realmente el arte de leer la mano pase a cotizarse de manera tan considerable que la gente no sólo estará dispuesta a pagarle lo que pida, sino que la recomendará con entusiasmo y volverá una y otra vez a ella a pedir guía y esclarecimiento.

La quiromancia es una; los métodos, muchos

Debido a que la quiromancia se transmite de una a otra generación, pueden encontrarse diversas técnicas o normas para su lectura. Sin embargo, las bases siempre son las mismas. Así, hay muchos maestros que empiezan palpando la mano, presionándola ligeramente sobre los montes, tocando los dedos en toda su longitud y, en fin, sintiendo el «material» con el que se proponen realizar la visión de una vida y de un alma.

La técnica del gitano Petrulengro era esta precisamente, y hubo ocasiones en que alguna dama sospechó de su agudo semblante considerando que había lascivia en él. Evidentemente tal sospecha es una tontería absoluta que si la comentamos es sólo porque esta acción puede dar lugar a interferencias nerviosas en ciertas personas que impondrán a la mano tensiones y durezas que no tiene habitualmente y que inducirán a error en la interpretación.

Aquel gitano, tan famoso en Nueva York, no necesitaba ciertamente utilizar sus artes para palpar la mano de una mujer o insinuarse a ella; y de haber tenido tan bajos niveles de sensibilidad, jamás hubiera podido desarrollar una capacidad de percepción tan aguda como la que le permitió convertirse en el quiromántico que vertía revelaciones como en cascada con el tino más asombroso. Petrulengro fue el gran quiromántico de Estados Unidos. Su exactitud para definir el carácter y las tendencias en general de sus consultantes asombraron a muchos, pero el portento de sus predicciones, cumplidas con tanta fidelidad en cada una de las personas a las que hizo vaticinios, es algo que nunca se olvidará.

La quiromancia exige dinero

Petrulengro fue uno de los maestros que asentaron la realidad pecuniaria de la quiromancia: «La quiromancia exige plata». Ningún maestro auténtico de las artes adivinatorias se permitirá emprender un estudio a fondo de una persona, si antes esta no ha hecho un pago, por lo menos simbólico. Esto se debe a que, para que la persona se manifieste realmente, es preciso que haya depositado en el acto más que su simple curiosidad o el mero deseo de divertirse. Es preciso que su interés se demuestre con un pequeño sacrificio, sólo así «se pondrán en línea» el consultante y el quiromántico, o cartomántico, o practicante de cualquiera de las *mancias* adivinatorias.

Una vez pagado el tributo o firmemente acordado para el final de la consulta, se habrá establecido el vínculo. La mano irradiará el aura precisa, las líneas se aclararán, los montes cobrarán sus dimensiones permanentes o habituales y podrá empezar la lectura, pues el consultante estará lo bastante perceptivo para comprender lo que se le dice adaptando las palabras del quiromántico a su realidad personal. Así, por ejemplo, si el quiromántico le dijera que su carácter mezcla de manera tormentosa el deseo de amar y el de conservar su independencia, el consultante no deberá quedar tan perplejo como el oyente que no conociese para nada su carácter, sino que deberá comprobar si en realidad existe en su personalidad esta combinación de elementos que dan a su vida sentimental unas características de dificultad bastante fuera de lo común. En otras palabras, el quiromántico quizá no siempre resulte todo lo claro que el consultante desearía, por lo que será necesario que este se mantenga alerta, para poder comprobar que todas las palabras que escucha encuentran un lugar preciso en la descripción de su personalidad, así como en la de su pasado y de su presente. Una vez hayamos logrado establecer estas dimensiones, ya será posible pasar a la más delicada: el futuro.

La realidad del ambiente

La lectura de la mano puede efectuarse en cualquier lugar. Lo mismo en los parajes subterráneos del metro, que en la mesa de un restaurante o sobre el césped de un parque. Da lo mismo. Sin embargo, para multiplicar el grado de concentración y disposición no existe nada tan adecuado y tan recomendable como el ambiente propio de un bufete quiromántico.

Los cinco pasos para la lectura quiromántica

Así pues, los pasos que deben seguirse para efectuar la lectura de la mano son de enorme importancia para lograr buenos resultados. El quiromántico principiante deberá recordarlos, pues su efectividad en la lectura dependerá del grado en que respete cada uno de estos cinco puntos:

1. Lo primero es examinar cuidadosamente la forma y el tamaño, la consistencia, el tono y la temperatura de las manos, para establecer el tipo de mano que va a leer y las generalidades correspondientes, como explicaremos con más detalle a continuación.

2. Tras el examen anterior, debe proceder a la comparación de ambas manos, tanto en sus formas como en la definición de sus líneas, para establecer cuál de

ellas es la que determina la esencia del consultante. En la mayoría de los casos se ha determinado que es la izquierda, pero se dan excepciones, particularmente entre los zurdos.

3. Observe entonces la conformación de los dedos, las características de las uñas, y palpe con cuidado y sensibilidad los montes, presionándolos delicadamente para comprobar su consistencia y asegurarse de cuál es su configuración independientemente de la postura que adopten.

4. Inicie el estudio de las líneas empezando por la de la vida. A la vez, descubra la existencia de otras marcas de particular significación, además de las predominantes.

5. Empiece la labor de cotejo, consistente en la búsqueda de las otras marcas que pudieran estar relacionadas con las indicaciones de la primera línea, para matizarlas adecuadamente.

Las siete manos universales

E l estudio de las manos ha de empezar por su forma, ya que esta es la que determina la consistencia, la figura y hasta la dirección de las líneas, aunque también se da con frecuencia el caso contrario, es decir, que las líneas, cargadas de significados específicos, lleguen al extremo de dar forma a la mano, anulando factores que en otros casos sería determinantes, como los de la herencia.

Hay que apuntar de manera muy especial que las siete manos universales obedecen a una clasificación quirognómica y no quiromántica. Aunque, como ya hemos explicado anteriormente, ambas son ramas del mismo saber que no sólo se complementan, sino que difícilmente podrían conservar su razón de ser si se las cultivase independientemente.

Así pues, partamos de la base de que a tal mano corresponde tal alma y tal mente. El buen conocedor de los rasgos de la mano sabe más de las personas por la forma de sus manos que por su rostro. Son siete las manos que ha de conocer:

— elementales o de gran palma;
— espatuladas o necesarias;
— artísticas o cónicas;
— cuadradas o útiles;
— filosóficas o nudosas;
— puntiagudas o idealistas;
— mixtas, en las que se combinan dos o más de las mencionadas en los otros puntos.

La mano elemental

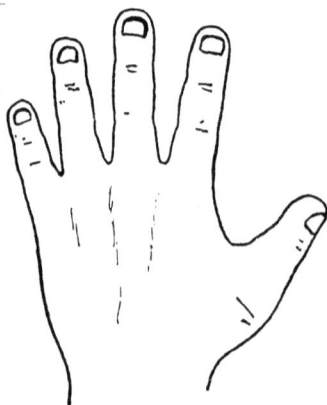

Para los fines de esta obra consideraremos este tipo de mano en primer término sin que ello signifique

que se trata de una mano más o menos digna de atención que otras. Así pues, empecemos analizando la mano de estructura elemental. Sus características esenciales son el grosor y el tamaño reducido de sus dedos, en los que no se advierte signo de agilidad. Su pulgar es corto, bastante ancho, y muestra tendencia a curvarse hacia atrás o, por lo menos, a apartarse del cuerpo de la mano, como si se tratase de un apéndice independiente. La piel de esta mano suele ser áspera o, en todo caso, carece del tacto fino que caracteriza otras. Con frecuencia se comenta que este tipo de mano es más común entre la clase obrera o campesina, pero esta apreciación es falsa. Aun entre los trabajadores que utilizan sus manos habitualmente para labores muy pesadas podrá notarse que, dentro de la tosquedad resultante de sus palmas encallecidas y de sus dedos poderosos, hay formas muy especiales; tan especiales como la que reúne las características de la llamada *mano de artista*, que es de palma alargada y estrecha, y con los dedos más alargados aún, aunque el destino las ha utilizado para fines muy diferentes a los artísticos, por lo que, a pesar de guardar una forma atractiva, se muestran también poderosas y encallecidas. En síntesis, no caigamos nunca en el error de pensar que es posible alterar la naturaleza de una mano sometiéndola a un trato físico especial; de hecho, absolutamente nadie puede hacer con sus manos nada que no esté previsto en su destino.

Así pues, volvamos a la mano elemental y dejemos bien establecido que lo mismo puede pertenecer a un obrero que a un hombre de negocios. Son manos características de un individuo de reflexiones lentas, reiteradas, propenso al empecinamiento y a las actitudes autoritarias, a veces incluso desconsideradas. Señalan asimismo a la persona que rechaza todo lo que no comprende, o por lo menos pospone sus opiniones hasta haber examinado las ventajas y los inconvenientes de la cuestión. Las tradiciones tienen un valor muy señalado para los poseedores de la mano elemental.

Las personas de manos elementales suelen ser muy apreciadas en puestos donde las actitudes impulsivas o poco meditadas resultan peligrosas. La lentitud de sus métodos también resulta una ventaja en determinadas situaciones. Por otra parte, son personas materialistas, apegadas a los conceptos de propiedad, sin los cuales se sienten inseguras y desprotegidas. Gustan de las ropas elegantes pero de líneas sobrias, y sienten también debilidad por los placeres de la mesa, llegando con frecuencia a preferir estos a los placeres sexuales. Pero no siempre se trata de personas encaminadas hacia la riqueza; de hecho, también llegan a ser acusadas a veces de falta de ambición, o de haber nacido para ser empleados. Y es curioso observar que, efectivamente, el poseedor de la mano elemental llega con frecuencia a hacerse considerar como un magnífico y fiel empleado.

En resumen, el individuo de mano elemental suele poseer una personalidad muy apegada a la tierra, con todo lo que esto implica, de manera que nunca será fácil hacerle cambiar. Parecen guiados desde su infancia por una norma de vida inalterable, que se va haciendo más y más fuerte conforme envejecen. Con ellos los consejos tienen escaso valor. No obstante, suelen ser excelentes amigos, padres y esposos, mientras no encuentren a alguien que trate de alterar el orden de lo que ellos consideran vivir como es debido.

La mano espatulada

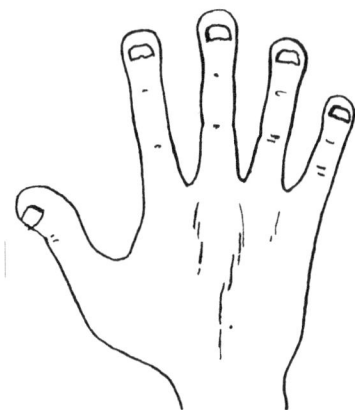

Esta mano tiene una forma que ha sido asociada con la de la espada. Los dedos suelen ser planos y las articulaciones poco o nada apreciables. Puede ser considerada como el polo opuesto de la mano elemental. Impone a su dueño un carácter impaciente, ávido de resultados en todo lo que haga o emprenda. No obstante, se trata de una personalidad dotada con un buen nivel de optimismo, sin que ello signifique que carece del sentido de la previsión.

Confía en sí mismo, aunque es impaciente. Es tan resistente como el individuo de la mano elemental con la diferencia de que posee mayor agilidad mental, por lo que no necesita aferrarse a opiniones definitivas para sentirse seguro. De esta manera puede permitirse la ventaja de examinar su propia conducta o sus sistemas, y hacer las enmiendas necesarias para alcanzar sus objetivos con mayor efectividad y rapidez. De hecho, la persona de manos espatuladas es una «cazadora de oportunidades».

Siente una particular avidez por el dinero, pero le gusta poseerlo en la forma más noble posible, es decir, no en billetes, sino en joyas, en obras de arte y, en fin, en posesiones de cierto esplendor.

La agilidad mental le conduce a una considerable facilidad para la acción. Lo suyo es llegar. Presta mucha más atención a la meta que a la forma de alcanzarla. Según él hay mil caminos para llegar a Roma, de manera que seguirá siempre el primero que encuentre sin perder demasiado tiempo en buscar el mejor, pero también estará dispuesto a cambiarlo en cuanto compruebe que ante él aparece otro más directo o más cómodo. Son individuos que poseen en alto grado el don de la iniciativa, y a los que no es raro verles abriendo nuevos caminos, siendo pioneros en diversos órdenes de la vida. La principal acusación que suele hacérseles es que consideran que los sentimientos no suelen tener importancia alguna cuando se trata de alcanzar un propósito.

Tampoco es posible frenarlos fácilmente con el ofrecimiento de placeres. Se trata de personalidades que conceden a la disciplina un valor capital y a las que, sin duda, podrá apartárseles alguna vez del camino que eligieron a causa de una pasión o de un súbito deseo de placeres. Sin embargo, para ellos sólo hay una pasión y un placer claros: ganar a los demás en la carrera hacia una meta que, con frecuencia, tiene marcadas características materiales.

La mano artística

La mano artística a veces suele parecer larga, otras veces parece huesuda, dicho de otra manera, reúne características que dan lugar a confusiones, por lo que es preciso dividirla en tres grupos o manifestaciones:

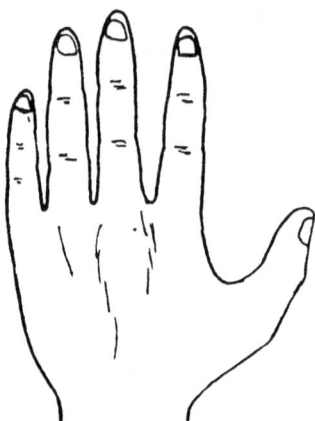

a) Mano de palma ancha y gruesa, y dedos en armonía: da lugar a una mano firme y de presencia agradable y confiable; se refiere a la persona que ama el lujo y todo lo que este significa; su poseedor goza de una considerable capacidad para relacionarse con los demás, así como una considerable predisposición a todo placer sensual.

b) Mano de palma de dimensiones medias, pulgar muy fino y, en general, gran flexibilidad: las personas con este tipo de mano artística experimentan un gran impulso hacia los logros de carácter intelectual, así como hacia los honores y todo tipo de distinciones.

c) Mano de palma estrecha, dedos proporcionados y mínimo grosor: hay que mencionar que denotan una particular tendencia a la competencia de carácter intelectual, a la crítica y al comentario agudo y escasamente considerado; sus representantes odian verse en inferioridad de condiciones y harán cualquier cosa por cambiar semejante estado; la ostentación es otra de sus irresistibles inclinaciones negativas, ostentación que les lleva incluso en ocasiones hasta la afectación.

Un común denominador de la mano artística, en cualquiera de sus tres manifestaciones, es el del brillo del ingenio. La imaginación creativa, el buen gusto y la agudeza mental suelen ser su principal fortuna en la vida, independientemente de su potencia y disciplina para traducirlos en bienes más tangibles.

La mano cuadrada

Esta es una de las manos que con más frecuencia se consideran «normales». Su característica esencial es la rápida adaptación a cualquier clase de requerimientos o labores, a la vez que posee cierta elegancia. Sus proporciones son medias y su piel firme, sin llegar a la aspereza.

El valor quiromántico de esta mano es el de la perseverancia, apoyada en un proceder metódico,

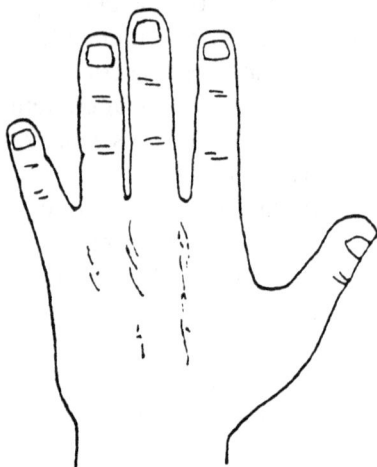

ordenado, sistemático, disciplinado. Los gustos de estas personas son moderados, sin que esto signifique que se hallan libres de ocasionales periodos de excesos, sobre todo mientras se encuentran libres de la responsabilidad que les impondría el matrimonio y la paternidad.

Como cabezas de familia o jefes de trabajo suelen incurrir en el autoritarismo, sin llegar no obstante al grado de dictadura. Se trata tan sólo de que les gustaría ver a la gente circulando sobre rieles tendidos por ellos. Cuando alguien rechaza su dominio, pueden reaccionar con un resentimiento que no se detendría ante los límites de la crueldad, como podría ser, por ejemplo, en un supuesto dentro del terreno laboral, el despedir a un empleado sin la menor consideración.

Asimismo, hay que señalar que sus opiniones suelen ser de carácter demasiado fijo, llegando en ocasiones a parecer desconsideradas y hasta cortantes. Se les acusa de dogmáticos y egoístas.

Para las personas de manos cuadradas, todo el mundo es básicamente imperfecto hasta que no demuestre lo contrario. Pero, cuando alguien consigue demostrar lo contrario, se vuelcan en él con sincero afecto y respeto.

En el aspecto amoroso también tienden a ser excesivamente críticas y un tanto conflictivas, lo que les dificulta mucho hallar pareja estable. Por otra parte, se diría que la idea de consagrarse definitivamente a alguien les asusta, particularmente a las mujeres de manos cuadradas, en las que no resultaría nada extraño que llegaran a concertar su boda y, en el momento de encaminarse a firmar el acta matrimonial, escaparan velozmente en dirección contraria.

La mano filosófica

El distintivo de la mano filosófica es el pulgar ancho. Las articulaciones de los dedos son notorias, nudosas. La palma es amplia. La piel del dorso suele mostrar cierta tendencia a la sequedad. En las mujeres que tienen estas manos, y que además están

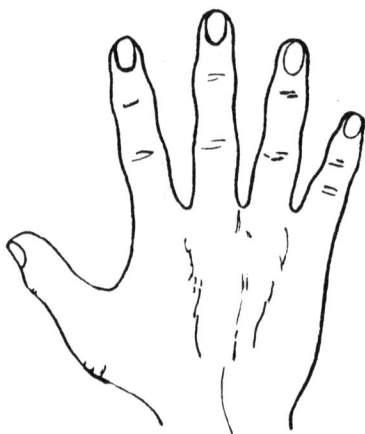

dotadas de uñas almendradas, se observa un considerable espíritu de independencia, unido a una particular dulzura y a un despreocupado estilo de compartir la vida con quienes merecen su estimación.

Por otra parte, estas manos muestran una tendencia muy notoria a reforzar las palabras de sus poseedores, por lo que se mueven constantemente para enfatizar lo dicho, matizar el sentido de las frases o hasta decir o dar a entender lo que las palabras ya no pueden expresar.

Las personas de manos filosóficas parecen hallarse siempre en busca de la razón. Recogen los argumentos como si fueran piezas de un puzzle de oro, guardándolos en paño hasta el momento en que les encuentran el lugar preciso en el contexto de su verdad. Llegan a ser fanáticos de la lógica. Nada puede quedar inconexo. Toda causa tiene un efecto y viceversa. Y, sin embargo, semejante precisión suele conducirles a la dimensión de los ideales. Parecen hallarse en pugna perpetua contra una o varias ideas. Les molesta el concepto de fe ciega y, cuando han sido educados en el hábito de las prácticas religiosas, son capaces de establecer la lógica de la fe por la cual es lógico e imprescindible aceptar ardientemente unas creencias, en tanto que sería irrisorio aceptar otras, por difundidas que estuvieran.

De la misma manera, son propensos a ideas fijas, rechazan los convencionalismos y suelen cuestionar constantemente los dictados de la costumbre. Las personas que les rodean les consideran personas conflictivas, propensas a entablar largas discusiones.

La mano puntiaguda o idealista

Este tipo de mano suele ser muy atractivo. Su belleza suele ser asociada con los soñadores y los idealistas. Los dedos carecen de protuberancias en las articulaciones, y cada uno parece dotado de una particular función para dar lugar al encanto del conjunto. Es de destacar la fragilidad y la armónica línea del pulgar. La palma es de dimensiones medianas y el dorso está libre de manchas.

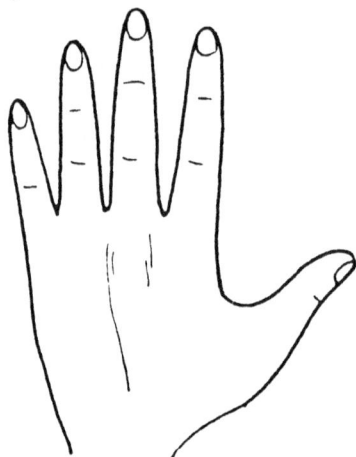

Sin embargo, sus poseedores son personas poco prácticas. Lucharían con más entusiasmo por realizar un viaje que por comprar una casa; gastarían con mejor disposición sus últimas monedas en una taza de café que les permitiera participar en una animada conversación en la mesa de los amigos, que en una comida. Incluso llegarían a dar el dinero del viaje o del café para que un amigo necesitado solucionara un problema.

Llegados a este punto, conviene señalar una combinación característica que ya hemos mencionado: es el caso de la mano artística que tiene particular tendencia hacia la espada o el bastón de mando. Se trata de la hermosa mano de hierro, capaz de herir y fulminar sin temblores ni estremecimientos. Es la mano típica de los dictadores natos, de los nacidos para luchar por el poder, sin que ello signifique que a este grupo pertenecen todos los que han accedido a él por la violencia, como también explicamos. Este tipo de mano puede ubicarse en este grupo o entre las clasificaciones artísticas.

Finalmente, cabe destacar el hecho de que las manos puntiagudas o idealistas casi siempre se hallan en desacuerdo con las restantes líneas del cuerpo: a veces se encuentran en individuos de particular altura y grosor, o en otros bajos y de poderosa estructura.

La mano de composición mixta

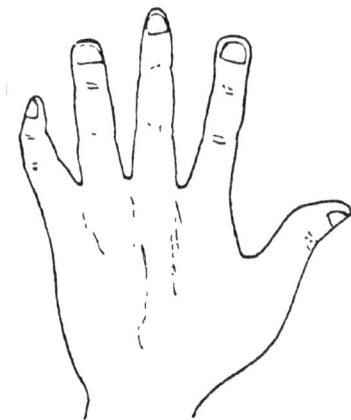

Esta es la mano que más frecuentemente halla el quiromántico. De hecho, la mayoría de las que se le tienden en busca de interpretación o lectura posee algún rasgo, alguna característica, que escapa a la definición de grupo. Sin embargo, sólo el maestro sabe reconocerla y definirla. Este es un arte que estaría fuera del alcance del principiante de no ser porque, como obsequio para el que se inicia, desde hace siglos se ha establecido la tipología que le proporcionará la orientación necesaria par empezar a realizar lecturas desde los inicios mismos del aprendizaje.

Las uñas
al descubierto

De entre las formas que a partir de las manos
permiten emitir un juicio más o menos rápido
y a mediana distancia, las uñas constituyen quizás
una de las mejor definidas. Su mensaje es claro y directo y no sólo se refiere al carácter de la persona,
sino a todo lo que le atañe como ser viviente, empezando por su constitución física, su salud y la verdadera fuente de su potencia y alcance.

Entre las principales formas de uña que puedan
darse en todo el mundo, destaca el significado de
los tipos que presentaremos a continuación, por lo
que el novel quiromántico debe estudiarlos hasta
ser capaz de identificarlos a la primera mirada. Son
los ocho principales tipos de uña:

— encorvadas;
— anchas y muy cortas;
— mordidas;
— almendradas;
— redondas;

— cuadradas;

— alargadas;

— alargadas y oscuras.

Sin embargo, hay que tener en cuenta que el suyo no es un mensaje completo, sino complementario. Esto significa que debe ponerse mucha atención en el mensaje implícito en las características de las uñas, con el propósito de combinarlo después con el de los dedos y el de la mano en general. La suma de todo esto nos permitirá obtener un retrato verdaderamente fiel de la persona, en tanto que si nos atenemos únicamente a una parte de la mano, como sería el examen de las uñas, obtendremos apenas un esbozo, un apunte demasiado general, privado de matices y, por consiguiente, de trascendencia.

Para empezar, en las uñas se encuentra lo que los médicos llamarían una «hoja clínica» vitalicia. Es una lástima que sus postulados les obliguen todavía a ignorar este fabuloso registro de la evolución de la salud de cada persona, sus enfermedades y su muy influyente forma de ver y enfrentar la vida, lo cual se expresa mediante el color, la forma y el tamaño de las uñas.

En su *Tratado de quirología médica*, el doctor Krumm-Heller se refiere a muy diversas uñas relacionadas con otras tantas disposiciones del organismo, mencionando particularmente el hecho de que las personas con algunas afecciones nerviosas considerables posean uñas grandes; en tanto que llama la atención la peculiar pequeñez que estas tienen en las personas con deficiencias en el organismo genital; o su forma plana o achatada cuando la persona padece esclerosis, en contraposición con las uñas excesivamente curvadas que suelen encontrarse en las personas con problemas mentales.

Según el doctor Krumm-Heller, «habiéndose probado que el cuerpo se rehace cada siete años, es natural que en los tejidos carentes de materia orgánica, formados de sustancias calizas y córneas —y, por tanto, no sujetas a las transmutaciones que se observan en los tejidos blandos—, sea en los que se graben las alteraciones que, transmitidas por las corrientes nerviosas, afecten su forma y constitución naturales».

Veamos a continuación algunas de las más significativas relaciones existentes entre la vida y el carácter de la persona, y la constitución de sus uñas.

Las uñas encorvadas

La costumbre ha querido ver en estas uñas una disposición especial hacia la mezquindad y la tacañería. Nada más lejos de la verdad. Estas uñas corresponden al temperamento de presa. Ciertamente denotan una gran ambición, un vehemente impulso a la posesión, pero sus poseedores no están limitados para alcanzar sus logros por las amarras que impone la tacañería. Por el contrario, pueden mostrarse más que espléndidos cuando se trata de halagar a personas que más tarde podrán significarles la realización de negocios que les retribuirán con creces todo lo inicialmente gastado. Como ejemplo de este temperamento, mencionaremos a un personaje literario sumamente conocido en todo el mundo: el *Padrino*. Se trata de un hombre que se muestra siempre dispuesto a repartir dinero y favores entre todas las personas que algún día pudieran llegar a servirle de algo para sus fines personales.

Mario Puzo, el autor, hace notar que los administradores del Padrino le indican a este el hecho de que ya tiene a demasiada gente incluida en sus listas de obsequios económicos, a lo que el Padrino responde que no debía borrarse a nadie y que con ello deseaba hacer gala de «amistad», a fin de sentirse después con derecho a esperar un trato especial o pedir un favor. Como se ve, no se trata de un temperamento mezquino, pero hay razón más que sobrada para que su personalidad esté caracterizada precisamente con el tipo de uñas más semejante al de las aves de rapiña o al de las fieras más temibles, ¿o es que alguien puede acusar de mezquino a un águila, un oso o un tigre?

Por otra parte, en términos menos extremos, hay que señalar que estas uñas corresponden a personas dotadas con un alto sentido de la iniciativa y de la oportunidad. Son características de las personas que luchan con grandes posibilidades de éxito por obtener lo que desean en la vida. Nunca se les ve desdeñar una oportunidad en beneficio de la timidez ya que, aun cuando su temperamento fuese introvertido, siempre encontrarán la manera de aprovechar cualquier coyuntura que les aporte una ganancia o un avance en la vida.

Si estas personas tienen el hábito de la disciplina, difícilmente perderán lo ganado a causa de una pasión o de un vicio; si, por el contrario, no poseen el don de la disciplina, caerán en vicios o en pasiones, pero siempre con un alto índice de probabilidad de acabar beneficiándose con la explotación de los mismos, de modo que acabarán siendo traficantes de vicio o revelándose como delincuentes sumamente activos y peligrosos debido a sus cualidades de astucia y rapidez de acción.

Cuando estas uñas se dan en una mano delicada y armónica, mucha de la fuerza que les caracteriza será sustituida por un temperamento caprichoso y abusivo. En este sentido, es preciso entender que la fuerza o la ferocidad de este tipo de uñas aumenta con la robustez de la mano, siempre que se mantenga la longitud de los dedos, que por lo menos ha de ser de una proporción general mediana.

Las uñas anchas y muy cortas

Este es uno de los tipos de uña más llamativos. Las personas suelen notarlas de manera casi instantánea en el dedo en que son más visibles: en el pulgar. Sin duda se debe a que es una de las más cargadas de connotaciones negativas. En efecto, son las uñas relacionadas con el espíritu mezquino, innoble, atormentado por el ansia de posesiones, honores o dominio más o menos encubierto de sus semejantes.

Con frecuencia se trata de sujetos impulsivos, contradictorios, dados a culpar a los demás de sus realizaciones deficientes, así como a exagerar el valor de sus aciertos.

Ahora bien, es preciso observar el resto de la mano, ya que, de encontrarse líneas armoniosas y vigorosas, el significado de esta uña, desagradablemente ancha y corta como una minúscula «pantalla de cinemascope», quedará reducido a manifestaciones de sarcasmo. Es decir, indicará un carácter dado a la ironía, a los juegos de palabras hirientes, así como inclinado a la acumulación de dinero de manera no siempre clara ni lógica, ya que son capaces de sufrir privaciones para evitarse el disgusto de gastar. Se permitirán algunas ostentaciones, como la de un automóvil de costo muy elevado, pero luego se preocuparán únicamente por mantenerlo limpio y reluciente evitando invertir en el mantenimiento del motor.

No obstante, como el resto de la mano resulta, en conjunto, armónico, la uña ancha y corta muestra al individuo ordenado, amante del detalle y poco dado a las improvisaciones, sobre todo en el área del trabajo.

Las uñas mordidas

A diferencia de los tipos de uñas analizados hasta el momento, el hecho de que las uñas estén mordidas no es una característica natural de las mismas, sino el efecto causado por el temperamento de la persona. No obstante, su significado es relevante.

La uña mordida implica inestabilidades de carácter emocional. Delata a personas cuya personalidad abriga algún desorden, cuya fuerza les resulta ya muy difícil o imposible de dominar.

Por lo general, refleja resentimientos e inseguridades muy arraigados, hasta el punto de resultar peligroso depositar una gran confianza en personas con estas manos porque, no siendo capaces de resistir de manera efectiva los impulsos de su crecida o desbordada naturaleza emocional, difícilmente podrán ofrecer a los demás, en la mayoría de los aspectos de la vida, un grado de confiabilidad aceptable.

Bajo este criterio, si las uñas mordidas se hallan en dedos espatulados, deberán interpretarse como indicio de una personalidad conflictiva, empecinada, irritable y muy dada a alzar la voz y a interrumpir de manera desconsiderada a sus interlocutores.

Estos aspectos se acentuarán si además la apariencia de la uña es desigual y sucia, lo cual podría ser indicativo de una personalidad que está hundiéndose para alcanzar un peligroso punto de ruptura con las personas que componen su entorno habitual, llegando al extremo de tener que estar cambiando constantemente de casa.

Por el contrario, si las uñas mordidas se encontrasen en dedos achatados, de yemas anchas, serán indicio de un temperamento excesivo y enfermizamente inclinado hacia los placeres eróticos, de manera que tenderá a la promiscuidad. Además, pese a que suele tratarse de naturalezas que gustan del bullicio y de la risa, serán propensas a encontrarse en situaciones de choque o de compromiso negativo con aquellas personas con las que se relacionen.

Son personas que desearían ser respetadas sin necesidad de tener que mantener una conducta congruente con su deseo, por lo que se les verá asumir actitudes de máxima liberalidad, no por auténtica convicción, sino por necesidad de contar con una explicación respetable para las características de esa personalidad que a ellas mismas se les escapa y a la que ceden sin mayor lucha.

En el fondo son personas con una autoestima sumamente debilitada. Sufren al no ser capaces de asumir su propio control y se resienten con cuantos les reprochan la falta de un carácter fuerte. Tratan de ganarse a los demás mostrándose siempre dispuestos a dejarse utilizar, lo cual es particularmente notorio en el caso de las mujeres. Finalmente, casi de manera invariable, o traicionan o se ven traicionados.

Las uñas almendradas

Las uñas que describen la forma de una almendra, ovaladas, con la parte menos amplia hacia el frente, son indicio de una personalidad intuitiva, refinada, elegante, sociable.

Se diría que sólo conciben las cosas que ya han sido completadas por otros. Están dispuestas a apegarse a un sistema, e incluso dan muestras de una gran adaptabilidad y sentido de la disciplina. Pero no debe esperarse de ellos ninguna transformación sustancial, a veces ni siquiera de su propio estilo de vida, a menos que antes se agote su paciencia y se les obligue a superar su reticencia a la idea de cambio sustancial.

Las uñas redondas

Estas uñas son síntoma de un temperamento vehemente, pasional, absorbente. Reflejan personas incapaces de controlar sus inclinaciones, que llegan a arrastrarlas y herirlas en más de una ocasión durante el transcurso de toda su existencia.

Las uñas cuadradas

Estas son las uñas de las personas amantes del orden y respetuosas de la autoridad. Son uñas de los que mayor placer encuentran en la observación de las tradiciones aunque también, todo hay que decirlo, son características de las personas más dadas a todo aquello que implique ceremonia y protocolo.

Poseen un sentido de la justicia muy desarrollado, aunque a veces permiten que su naturaleza pretenciosa les dificulte conceder la razón a los más humildes o de cualquier manera más débiles. Estas personas consideran que sólo puede vivir bien quien ha sabido acogerse a la sombra de un buen árbol. Con frecuencia se da el caso de que su espíritu metódico les impide conducir su ambición hasta el deseo de ser ellos mismos el árbol que proporcione a otros buena sombra. Por esta razón, suelen ser excelentes empleados, magníficos vicepresidentes o viceministros, delegados o gerentes. Y en el supuesto de que fueran ellos los dueños de una gran empresa, su primera preocupación para dirigirla sería la de rodearse de un buen equipo de consejeros, lo que equivaldría a plantar un buen árbol a cuya sombra acogerse. Sólo así estas personas se moverán con confianza, seguridad y efectividad.

Por lo demás, al típico individuo de uñas cuadradas le agrada que su vida transcurra en medio del orden y de todo lo que socialmente es considerado como bueno. Su temperamento siempre termina siendo conservador, aunque en su juventud se hubiera dejado ilusionar por extremismos, particularmente los de izquierda.

Las uñas alargadas

Las uñas de forma alargada —que no deben confundirse con las uñas largas— y ligeramente angosta, denotan un espíritu sensible y una disposición sociable. Se trata de personas de trato agradable, dadas a la comprensión y la disculpa de las debilidades ajenas; personas que llegan a demostrar una considerable capacidad de perdón.

Nos encontramos ante mentalidades que no guardan un estrecho contacto con la tierra y que prefieren utilizar su ingenio para retocar la realidad y así adaptarla al contexto de sus ilusiones. Así pues, por lo general, evidencian temperamentos románticos, de voluntad algo débil, por lo que parecen atraer la ingratitud o el abuso de buena parte de las personas que se relacionan con ellas.

En cuanto a su sensualidad, hay que destacar que no es escasa; en realidad, basta una chispa para hacerla prender en llamas. Pero, se tratará siempre de fuego concentrado, reprimido, más emocional que sensual. Su cuerpo no es más que un vehículo para hacer llegar el amor al alma, aunque, ciertamente, a no pocos asustada la vehemencia de su entrega.

A todo esto hay que añadir una observación de gran importancia: la persona de uñas alargadas será tanto más tímida o retraída cuanto más unidas estén sus uñas a la carne o cogidas por esta. De forma similar, esta misma característica deberá interpretarse como dificultad para adoptar decisiones de manera rápida y firme, por lo que suelen depender en gran medida de los consejos y del ánimo que otras personas deseen prestarles.

Las uñas alargadas y oscuras

Este tipo de uñas suele estar relacionado con la falta de honradez, con la hipocresía, con la falta de escrúpulos y con la crueldad. Sin embargo, hay que puntualizar que el resto de la mano puede suavizar mucho estas características tan negativas, aunque siempre ejercerán una influencia poco deseable en la personalidad del individuo.

La coloración de las uñas

La salud del individuo suele reflejarse de manera muy estable en las uñas. No nos referimos aquí al tono que la salud o la enfermedad puedan imponer, pongamos por caso, al rostro durante unas cuantas horas. Es decir, un leve caso de indigestión no se manifestará en las uñas, de la misma manera en que una noche de excesos con la bebida y el tabaco tampoco dejarán su huella en ellas, aunque, sin duda, se harán notar en el rostro de la persona con una intensidad que a veces causa alarma. En cambio, una mala disposición del organismo, una afección de carácter permanente o una debilidad crónica, sí se reflejarán en la consistencia y en el tono de las uñas.

Así pues, se sabe que las uñas de tono rosa generalmente son indicadoras de salud. Si esta coloración palideciera, debería entenderse que la salud, considerada como estado o disposición general del organismo, también ha menguado. En consecuencia, unas uñas incapaces de mostrar un tono saludable están anunciando, por lo menos, la falta de una buena alimentación y ejercicio adecuado.

De la misma manera y observando otro aspecto de la uña, si su consistencia fuese demasiado delgada, nos encontraríamos con personas cuyo carácter tampoco está cabalmente definido. No necesariamente ha de tratarse de una condición definitiva, pero mientras permanezca debe ser interpretada como una debilidad propia del carácter. Cuando esta condición se hace permanente, de tal manera que se observa en personas adultas, debe entenderse que se trata de una debilidad de carácter permanente. En estas circunstancias, esta clase de personas suele recurrir constantemente a la terquedad para compensar su falta de fortaleza. En pocas palabras, simulan la fortaleza de carácter con los desplantes de la obstinación. También es frecuente verlas recurrir a la introversión, en busca de compensación para la confianza que no encuentran en sí mismos. En síntesis, las uñas delgadas suelen ser indicio de escasa energía en el carácter o, por lo menos, de falta de confianza en sí mismos.

Las uñas excesivamente gruesas indican empecinamiento, tendencia a mantener invariablemente las
mismas ideas, falta de flexibilidad en el trato con conocidos y extraños, carencia de facultad para comprender a los demás, inclinación a relatar en todo
momento los propios infortunios o a rumiar largos
rencores, además de estrechez de miras y temperamento dado a la discusión y a la desconsideración.

Lo que los dedos señalan

La forma de los dedos de la mano determina en muy alto grado el matiz de muchas de las realidades señaladas por las líneas y el contexto de toda la mano en general.

Cada dedo encierra un mensaje.

Así, resulta fácil entender la importancia del dedo pulgar cuando se trata de establecer el carácter y la personalidad del consultante.

El pulgar es considerado como el dedo más trascendental por representar al individuo en sí con lo más significativo de su ser: su potencia para vivir, expresada en la voluntad, la inteligencia, el ingenio y la fuerza vital. Por cierto, hay que subrayar que el pulgar es el único dedo que tiene dos falanges: la superior es reflejo de la fuerza de voluntad que posee el individuo, en tanto que la inferior indica su capacidad lógica y de raciocinio.

Pero veamos las características que atañen a las restantes cualidades de la personalidad. Para ello, a continuación analizaremos las implicaciones de la forma y la longitud de cada uno de los dedos de la mano izquierda, que es la correspondiente al yo del consultante.

La quiromancia considera una sola unidad la interacción de los otros cuatro dedos. Una unidad que complementa el mensaje aportado por el pulgar o que, por el contrario, es punto de partida para ciertos aspectos que el pulgar sólo matiza. Para algunos la diferencia radica en que el pulgar izquierdo es la representación de la totalidad de la mano derecha, en tanto que los otros cuatro dedos contienen sintetizada la información total de la mano izquierda.

Por supuesto, este criterio es el mantenido por los quirománticos que se han especializado en la lectura de los dedos, que en realidad aportan una especie de síntesis. Pero no olvidemos, por ejemplo, que siempre se recomienda la lectura total de un libro, nunca la lectura de sólo una parte del mismo, a menos que por cualquier motivo no se desee una información completa sobre el tema sino apenas la respuesta a una cuestión.

De cualquier manera, lo importante es que el nuevo quiromántico que aún se halla en periodo de preparación asimile definitivamente que no se trata de cuatro dedos precisamente, sino de un conjunto del que ha de extraerse un bloque de información sobre el consultante (representado por el pulgar, con las características ya detalladas), referente a las preferencias, las tendencias, los impulsos y las inclinaciones.

Téngase siempre en cuenta que un buen estudio quiromántico se basa en la observación detallada de las dos manos, ya que desde los orígenes de esta ciencia se ha determinado que la izquierda, con excepción del pulgar, reúne toda la información referente a las debilidades y a las posibilidades del consultante, en tanto que la mano derecha encierra los resultados de los esfuerzos que este aportará para contrarrestar las fuerzas negativas que le acometan, ya sean las atraídas por su propia naturaleza, como las que se le asignen de manera aleatoria, circunstancial, a pesar de que, en realidad, sean sombras o luces o trazos con que el destino trazó su retrato desde el instante de su concepción.

Dicho en otras palabras, la mano izquierda señala pero no obliga; advierte, pero no sentencia. Anuncia lo que puede salir al paso del individuo, tanto por influjo de su propia personalidad como por intervención de fuerzas externas. En tanto que la mano derecha muestra la realidad ejercida por la persona en libre uso de virtudes personales tales como las de la inteligencia, la perseverancia, la disciplina, la discreción y tantas otras capaces de hacerle superar enfermedades, infortunios o ataques de sus enemigos.

Por eso es preciso examinar ambas manos. No obstante, como señala acertadamente la práctica generalizada, la base de la información ha de buscarse en la izquierda.

Un programa universal escrito en cada persona

Cada dedo encierra un mar de posibilidades movido por el impulso específico de una tendencia, de una inclinación que ha de gravitar sobre el consultante a lo largo de toda su vida. Se trata de características impuestas por influencias planetarias, ya que toda la realidad del ser viviente ha sido moldeada según las características astrales que rodearon su llegada al mundo. Los magos de la antigüedad catalana sostenían que todas las arrugas, líneas o marcas de nacimiento encontradas en el cuerpo humano pueden considerarse como escritura de cuanto ha de ocurrirle a un espíritu durante su periodo de encarnación. Y, al ser una escritura, había que encontrar el valor de los símbolos hasta completar su alfabeto y proceder a desentrañar el mensaje.

En este caso, el mensaje constituye en realidad un programa con carácter vitalicio que es posible borrar o destruir, pero no alterar; un programa de pruebas con los pronósticos sobre las posibilidades que cada ser tiene para triunfar o caer vencido en cada etapa.

Los dedos como antenas captadoras de influencias astrales

En consecuencia, cada uno de los dedos se halla asociado a diversas cualidades astrales. Más adelante

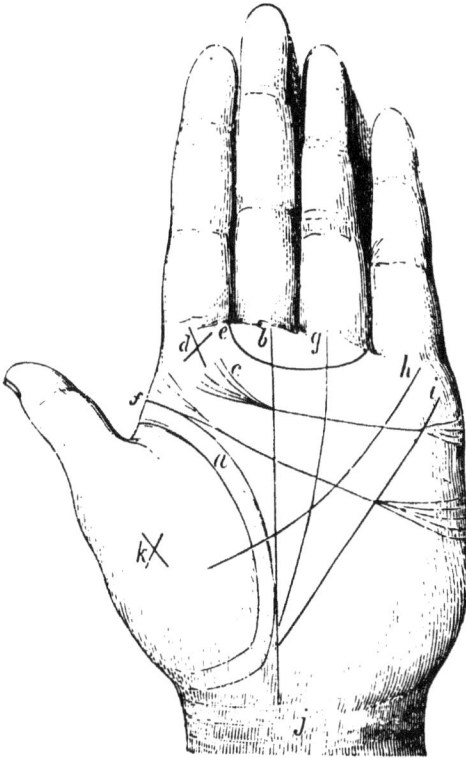

también veremos las correspondencias planetarias de otras partes de la mano. Por ahora, centrémonos en esta realidad de los dedos.

Así, hay que considerar el dedo medio como eje de la mano, representativo de todo lo relacionado con la fatalidad y el destino. El planeta que lo patrocina es, por supuesto, Saturno. A su lado se encuentran otras dos potencias: el dedo de Apolo, o del sol, que representa todo lo relacionado con el arte, y el dedo meñique que está en relación con Mercurio y representa la ciencia y la comunicación.

Al otro lado del dedo del destino se halla el índice, que es el dedo de Júpiter y está relacionado con los honores y las dignidades. A su lado está el pulgar, el dedo de Venus, en el que está escrito todo lo referente a la voluntad del hombre y a sus posibilidades de amar y ser amado.

Teniendo en cuenta estos aspectos generales, fijemos ahora nuestra atención en el significado de cada uno de los dedos.

El pulgar o dedo de Venus

La longitud del pulgar

EL PULGAR CORTO

Cuando este dedo se muestra desproporcionadamente pequeño en relación con el resto de la mano, deberá interpretarse como signo de debilidad de carácter y de raciocinio. La voluntad de este individuo es tan corta como el más poderoso de los dedos de su mano, lo que también anula su individualidad y le confiere una personalidad vacía o repleta de temores inútiles. De hecho, se trata de una personalidad destinada a ser dominada por el resto del mundo.

Hay que tener cuidado al calibrar las consecuencias de la pequeñez de este dedo. Se debe comprobar si se trata de una desproporción absoluta o sólo de un aspecto débil que le hace parecer en inferioridad de condiciones. Dicho en otras palabras, cuanto más se aproxime este dedo a la deformidad, mayor será la limitación del sujeto. En el mejor de los casos, sus posibilidades para triunfar en la vida serán mínimas y deberá conformarse con lo que la suerte quisiera darle y él fuera capaz de retener.

EL PULGAR LARGO PROPORCIONADO

Esta conformación del pulgar, que le hace parecer largo en proporción con el resto de la mano, indica una personalidad vigorosa. La fuerza de voluntad de este individuo le permitirán satisfacer sus ambiciones, siempre que estas no sobrepasen el nivel de sus aptitudes mentales. No obstante, hay que subrayar que esta forma del pulgar es también indicativa de una considerable capacidad de razonamiento y de aprendizaje, lo que permitirá a su dueño abrirse paso en la profesión u oficio que haya elegido hasta alcanzar los primeros puestos. Los grandes maestros aseguran que el pulgar largo proporcionado es el dedo distintivo de los políticos, de los investigadores, de los técnicos, de los comerciantes y de los industriales. Ahora bien, volviendo al tema de la mano de los dictadores, a los que ya hemos hecho referencia en el trascurso de estas páginas, hay que decir que este es precisamente el pulgar característico de los déspotas, de los tiranos, de los soberbios y autoritarios.

EL PULGAR MUY LARGO

Debe entenderse que el pulgar es excesivamente largo cuando alcanza el nivel de la segunda falange del dedo índice. El poseedor de semejante dedo es persona de ingenio agudo y humor espléndido, hábil conversador y de temperamento capaz de atraer a la mayoría. En definitiva, es la persona considerada en todas partes como brillante y encantadora; sorprende cómo de cualquier tema pueden improvisar geniales exposiciones verbales. Pese a estos atributos, la característica esencial de esta persona es la dependencia de los demás. Suele precisar de ayuda para obtener todo lo que considera importante en la vida. Es como si la naturaleza la hubiese dotado para atraer a quienes han de servirle, de la misma manera que las flores atraen a las abejas para servirse de ellas en sus propósitos de reproducción, o como los grandes felinos utilizan a algunas avecillas para librarse de molestos insectos. Aunque quizá, para ser más exactos e invirtiendo los términos, la persona de pulgar muy largo sería en realidad la avecilla que se sirve del gran felino para alimentarse, habiéndose ganado la autorización de la fiera para actuar a su gusto sin temor a recibir un zarpazo.

Uno de los principales obstáculos en la vida de las personas de pulgar largo es su propensión a la mitomanía (tendencia a engrandecer la realidad). Su constante afán por llenar de incentivos su conversación, acaba por conducirlas a «retocar» incesantemente la verdad, hasta encontrarse con que ya no pueden distinguir entre la realidad y la mentira.

Por otra parte, pese a todo, sus fanfarronerías carecen de sentido práctico. Esto determina que de sus manos se escapen muchas oportunidades de riqueza, como si de aire o agua se trataran.

Las líneas direccionales del pulgar

No sólo es importante la longitud del pulgar, también es muy reveladora la línea que este dedo describe permanentemente y que compone su postura habitual cuando la mano está en absoluto relajamiento, ya que implica una serie de matices de particular intensidad. Veámosla.

Cuando el pulgar describe en reposo una línea casi recta, indica una personalidad perseverante, dueña de una considerable fuerza de voluntad y capacidad de liderazgo. Curiosamente, pertenecen a personas que no creen demasiado en sí mismas, pero que, llegado el momento y para su propia sorpresa, se desenvuelven con tan elevado grado de decisión que atraen la confianza y el seguimiento de mucha gente.

Por otra parte, son personas que hacen gala de su resistencia a las presiones que se ejercen contra sus convicciones, pero esta misma virtud, como cualquier moneda, tiene dos caras, y la otra es la de la testarudez. Sus puntos de vista son para estas personas como pilares inamovibles, y llegan hasta el extremo de mantener su opinión aun en ocasiones en que no pueden menos que acabar convenciéndose de que la razón no les asiste. Su lema parece ser: «justa o equivocada, mi opinión hasta el fin».

Por lo demás, sus relaciones cotidianas con conocidos y desconocidos suelen ser sumamente alentadoras, cordiales y llenas de buen sentido, ya que suelen ser personas dotadas de otras cualidades tan importantes como son la capacidad de ofrecer consejos bien equilibrados y prácticos o la de transmitir confianza y alegría a los desanimados.

PULGAR EN POSTURA HABITUAL SEMIFLEXIONADA

En posición de relajamiento absoluto, el pulgar traza una arco hacia el interior de la mano, como si buscara apoyar la yema en la base del índice.

Se trata de una indicación de prudencia. Escasa disposición a la acción. Abrigo de temores o dudas que no guardan relación con la realidad, sino con un temperamento indeciso, receloso, que fácilmente podría caer en la cobardía, a menos que encuentre la ocasión de recurrir a la fuerza de voluntad. Sin embargo, cuando carece de esta fuerza, el individuo suele mostrar una imagen un tanto desconfiada, sumisa o, por lo menos, dispuesta al acatamiento de la voluntad ajena sin demasiada resistencia.

PULGAR EN POSTURA CURVADA HACIA EL EXTERIOR

En este caso la postura del dedo es como un arco curvado hacia su dorso, que es casi como una confesión de moralidad demasiado flexible y una voluntad quebradiza. Las manos que tienen este dedo pulgar gustan de estrechar las de los demás con intenciones que muy rara vez implican sólo amistad sin segundas intenciones. Cuanto más curvado se le vea hacia atrás, como doblándose por exceso de elasticidad sobre su propia base, menor será la confianza que deba prestárseles. Y hay que tener en cuenta también que llega a darse el caso de pulgares capaces de describir un ángulo recto al quedar señalado por completo hacia atrás cuando la mano está tendida hacia el frente. En pocas palabras, es la mano de quienes utilizan las relaciones humanas para alcanzar fines muy propios y no siempre demasiado claros.

PULGAR CON LA PUNTA CURVADA HACIA FUERA

Este pulgar es característico de las personas más propensas a ofrecer alegría a los demás. Son joviales, bromistas, generosas, aunque lo suyo, más que prestar ayuda es simplemente alegrar. Poseen una voluntad muy potente con la cual bien pueden obtener lo que más ambicionan en la vida. Pero, si además la forma del dedo fuese puntiaguda, estaremos ante una persona dueña de gran agudeza mental, capaz de penetrar hasta la esencia misma de las cosas. No obstante, habría que ponerles como honroso defecto su falta de dureza, ya que no suelen ser capaces de tomar lo que desean si con ello causan un daño irreparable a otro. En el aspecto sentimental son volátiles, y mientras les reste algo de juventud siempre existirá el riesgo de que decidan probar mieles de una y otra flor.

PULGAR CON FORMA DE PORRA

El pulgar grueso en su parte superior y delgado en la inferior, el que tiene la yema de una anchura que sobrepasa notoriamente la proporción que debería guardar con la parte inferior del dedo, es signo de genio inestable, de irritabilidad, de escasez de voluntad y debilidad de espíritu, que pretende ocultarse con desplantes agresivos o con muestras de empecinamiento. Ya hemos dicho que la parte alta del pulgar representa la voluntad del sujeto, por lo que es evidente que en este caso esta es la primera característica que resulta afectada. Estas personas deben cuidarse de los enfoques negativos que puedan dar a sus problemas, así como de la prontitud con que acumulan rencores o agreden de cualquier manera a cuanto les rodea. También hay que decir que si este dedo se encuentra en una mano armónica, es posible que sólo muestre a un sujeto introvertido, inseguro, quizá rencoroso, pero, en cualquier caso, no le restará facultades para alcanzar algunos bienes en la vida.

PULGAR DE NACIMIENTO ELEVADO

Debe mirarse el vértice interior que señala el nacimiento del dedo pulgar en el cuerpo de la mano y apreciar si se encuentra excesivamente elevado, de manera que parezca muy próximo al nivel del nacimiento del índice. De ser así, el hecho deberá interpretarse como indicio de servilismo, de disposición al sometimiento. Este es el perfil de personas que hacen del halago y de las actitudes sumisas su forma de ascender en la vida. Son capaces de resolver por sí mismas problemas de gran envergadura aun cuando sean estrictamente particulares, pero la naturaleza parece haberles dotado de una curiosa capacidad para adherirse a otros y manejarlos de tal manera que terminen ayudándoles de buen grado a conseguir lo que ellos no pudieron hacer. Por supuesto, se encontrarán frecuentemente con que mucha gente se niega a ser utilizada más de unas cuantas veces, por lo que los señalados con el pulgar elevado acaban viéndose a sí mismos como incomprendidos y víctimas del egoísmo de la mayoría.

PULGAR DE NACIMIENTO BAJO

Cuando el nacimiento del pulgar se halla más cerca de la muñeca que de la base del dedo índice, estaremos ante una persona esencialmente independiente y de temperamento indomable. Se trata de espíritus incapaces de sentirse bien si no se encuentran en absoluta libertad. Con frecuencia incurren en peligrosos idealismos, sobre todo en plena juventud, llegando a causar destrozos y toda clase de problemas para manifestar sus convicciones, sintiéndose con ello como en la más inspiradora de las fiestas.

Con el tiempo, este tipo de persona se dará cuenta de que le resulta muy difícil establecer relaciones duraderas con nadie. Amistades no le faltarán, es más, serán personas muy solicitadas. Pero en lo que respecta al amor, lo verán siempre como la más adorable de las cadenas, de manera que la disfrutarán sólo por un tiempo y luego invertirán todo su ingenio en hallar el medio de limarla o romperla de golpe.

La falangeta y la falangina del pulgar

FALANGINA MENOR QUE LA FALANGETA

Cuando la falangina es menor que la falangeta, debe entenderse que la persona es altamente propensa a la testarudez y que poco le importa la razón si no la encuentra invariablemente de su parte.

FALANGETA Y FALANGINA DE IGUAL LONGITUD

En el caso de que la falangeta y la falangina tengan igual longitud, se interpretará que la persona tiene inclinación hacia la vida armónica, es formal en su trato y posee un espíritu equilibrado. Si en alguna otra parte de la mano encontrara una señal demasiado negativa, esta cualidad del pulgar deberá servir para contrarrestarla.

FALANGETA CORTA Y FALANGINA LARGA

Si la falangeta del pulgar es corta y la falangina es larga, estaremos ante una persona de clara inteligencia, capaz de profundas reflexiones y de ideas sumamente brillantes, pero, no obstante, carente de la potencia para aprovechar por sí misma los beneficios de su inteligencia. Es decir, desprovista de la energía indispensable para convertir en realidad lo que ha establecido en teoría. Es de notar la influencia que tiene aquí el monte de Venus, que imparte a este pulgar una gran carga de sensualidad, determinando con ello la debilidad del carácter de esta persona. Por lo general, estas personas se ven rescatadas y potenciadas cuando tienen la suerte de unirse al espíritu complementario, es decir, a alguien carente de gran capacidad pero apto para llevar a la realidad las ideas de otro, trátese del socio o del cónyuge. En caso contrario, la persona de falangeta corta y falangina larga se perderá en un mar de magníficos proyectos, sin llegar jamás a materializar ninguno; y ello sin contar con los descalabros que además le supondrá el andar por la vida con gran disposición para el disfrute y escasa posibilidad práctica.

Falangeta larga y falangina corta

Si la falangeta del pulgar es larga y la falangina corta, podremos suponer con acierto que estamos ante un individuo propenso a la discusión. No le importará el tema, cualquier asunto significará la oportunidad de disparar los cañones de su apasionada verborrea. Incluso se le podrá encontrar defendiendo acaloradamente lo que en previas oportunidades condenó. Lo que le importa es medir la velocidad con que improvisa argumentos para oponer a los demás, así como la efectividad de sus actitudes para evitar que alguien pueda derribárselos, sin más méritos que los del conocimiento o la lógica. Este tipo de personas, contra lo que uno pueda imaginar al verlos en acción, nunca se encuentra del todo solo. Siempre hay alguien que se acerca a ellos, quizás en busca del calor que ponen en todas sus expresiones, por más que nunca dejen a nadie llevarse el bien que ellos siempre están dispuestos a tomar por asalto: la razón. Si alguien consiguiera arrebatársela definitivamente, habrían perdido su motivo de vivir y toda posibilidad de autoestima.

PULGAR ESTRECHO, RECTO Y VIGOROSO

Ante un pulgar estrecho, recto y vigoroso, podrá reconocerse a una persona poseedora de una considerable fuerza de voluntad. De hecho, sería absolutamente extraño hallar este pulgar en alguien doblegado por el vicio. Sin embargo, estas personas encuentran muy difícil comprender la falta de vigor en el espíritu de los demás, por lo que no están capacitadas para ofrecer el apoyo de la comprensión a nadie, por muy próximo que se encuentre a su corazón quien ha caído por debilidad. No obstante, si el resto de la mano muestra formaciones más armoniosas y delicadas, deberá entenderse que los sentimientos acabarán por imponerse y que, aun cuando estas personas sigan mostrándose inflexibles consigo mismas, con sus más allegados mostrarán un temperamento más cálido y menos rígido.

Cuando la línea de la articulación que se encuentra entre la falangina y la falangeta está muy marcada, será preciso reconocer la chispa del talento y la potencia de la tenacidad. No obstante, habrá que considerar también una cierta (dependiendo del resto de la mano) tendencia a tratar desdeñosamente a los demás, dejándose llevar por lo que a veces se llama *naturaleza temperamental* y que supone una marcada desconsideración para cuantos le rodean.

Movilidad del pulgar

MOVILIDAD ILIMITADA

Si el dedo pulgar puede apartarse de la mano hasta describir un ángulo recto con el índice, y tiene capacidad de movimiento deberá pensarse en una fuerza de voluntad capaz de abrir el camino hacia el éxito en cualquier actividad. En otras palabras, puede considerarse que un buen grado de movilidad, unido a una buena forma, es indicio de capacidad para el autodominio y disposición para el trato social, lo que también implica un carácter afable y dispuesto a contribuir al bienestar de los demás.

Si el pulgar carece de movilidad o tiende a ocultarse en el interior del puño, estará indicando una considerable incapacidad del individuo para pensar y obrar con libertad. La independencia es un peso insoportable para estas personas, una verdadera amenaza. Además, también sufren los estragos de la timidez y de la cobardía. Se trata de un gesto que puede verse frecuentemente en algunos niños, así como en personas aquejadas de una de estas tres afecciones específicas: reumatismo, apoplejía y ciertas formas de parálisis. Por otra parte, si el pulgar no pudiera apartarse con bastante amplitud de la mano, sería indicio de una tendencia muy negativa a luchar a base de subterfugios y sumisión o, por lo menos, de una disposición a perder la libertad ante las personas con mayor fuerza de carácter.

El índice o dedo de Júpiter

El índice muy largo

Cuando la longitud del dedo índice es notable, nos indica que su poseedor está destinado a dejarse dominar por el orgullo, la arrogancia y la vanidad. Su carácter tenderá a la desconsideración, juzgando a los demás como meros componentes de su entorno y no como seres vivientes y poseedores de iguales derechos. También hay que decir que esta característica no debe considerarse esencialmente negativa, ya que es preciso que la posean los hombres y las mujeres nacidos para acaudillar a sus semejantes; sin embargo, deben controlar siempre su tendencia al despotismo o a valerse del éxito logrado para hacer sentir a los demás que son inferiores.

En el caso de los artistas, este dedo es particularmente peligroso, ya que podría cegarles y hacerles menospreciar la crítica, por lo que su camino se haría más largo y más penoso, pues la soberbia es un neutralizador del talento.

El índice puntiagudo

Los poseedores de este dedo mostrarán una tendencia al misticismo. Estarán dotados de una particular sensibilidad que les acercará al idealismo, al amor por el arte y la naturaleza y les impulsará hacia el conocimiento en cualquiera de sus manifestaciones.

Las personas de índice puntiagudo mantienen relaciones armoniosas con sus semejantes, aunque quizás un tanto distantes; cálidas, pero nunca o casi nunca ardientes. Todo en ellos parece brotar de manera apacible y armónica. No obstante, el quiromántico debe revisar bien la mano en busca de una posible pasión oculta, ya que en tal caso podría resultar muy destructiva, pues se trata de temperamentos poco o nada hechos para resistir los embates de las emociones incontroladas.

El índice achatado o cuadrado

Este dedo es indicativo de gusto y necesidad por el establecimiento de la verdad. La persona desea conocer los hechos y el mecanismo que los determinó. Asimismo, se reflejan personalidades muy cuidadosas del orden establecido. Las premisas y las conveniencias de carácter social tienen para estos individuos un valor singular, y tenderán a protegerlas aun en contra de sus propios intereses. Dicho en otras palabras, se les define como seres eternamente preocupados por el «qué dirán», aunque el quiromántico también deberá comprobar si existe un impulso superior al desorden en otra parte de la mano, con lo cual este atributo del índice indicaría solamente que la persona trataría de encubrir sus acciones a fin de no verse socialmente disminuida.

El índice espatulado

Este tipo de dedo índice es el característico de los místicos, así como de los fanáticos y de las personas de ideas fijas y perdurables. De hecho, es una forma digital relacionada con criterios obsesivos. Por otra parte, este mismo dedo indica que la persona tiene tendencia a dirigir todas sus relaciones hacia la obtención de bienes materiales, aunque desde un punto de vista estrictamente conservador.

No es frecuente encontrar esta mentalidad en el hombre de negocios moderno, ya que hoy el mundo de la industria y el comercio imponen una gran flexibilidad. Pero el mundo de las finanzas tampoco está libre de la dirección de personalidades con estas características.

El dedo medio o de Saturno

El dedo medio muy largo

Esta formación del dedo del destino, el dedo medio, denota una considerable desconfianza. El consultante desconfía de todo y de todos, empezando por sí mismo, lo que dificulta considerablemente la agilidad de sus movimientos en la vida, aunque, en otro sentido, puede decirse que trata de apostar a lo seguro. En este caso, el quiromántico deberá buscar los signos correspondientes a la fortaleza de carácter, pues, en caso de que existan, esta desconfianza puede convertirse en un sistema de actuación que, si bien no es muy ágil, siempre le ofrecerá al consultante amplias posibilidades de éxito en todo cuanto emprenda, particularmente en las áreas del comercio y la industria, aunque en el aspecto sentimental deba sufrir numerosos traspiés o conformarse con un mínimo de posibilidades. De estas personas suele decirse que son pesimistas naturales, pero curiosamente, cuando no aciertan, siempre se encuentran con sorpresas agradables. Por el contrario, según ellos los optimistas están destinados sólo a sufrir sorpresas desagradables debido a la facilidad con que confían en los demás.

El dedo medio puntiagudo

Es el dedo de las personas que gustan del bullicio y la vida intensa. Suele acusárseles de frivolidad o de incapacidad para adentrarse en profundidad en las cuestiones más importantes de la vida. Por otra parte, cuando el resto de la mano no contiene ninguna marca que señale lo contrario, las personas dotadas con este dedo pueden caer fácilmente en la práctica de la crueldad.

Este dedo es también señal de facilidad para pasar a la acción, dejando a un lado los escrúpulos si fuese necesario. En su vida íntima sus poseedores se muestran particularmente dominantes, aunque mantienen siempre un margen de complacencia para con la persona amada. Dicho en otras palabras, son egoístas con medida o con inteligencia para no hacer sentir que para ellos lo importante es vivir y, sólo a veces, dejar vivir.

El dedo medio achatado o cuadrado

He aquí una personalidad dada a la melancolía. Se diría que es un espíritu tan hecho a respirar en lo gris de lo cotidiano y del ánimo, que acaba disfrutando con los días nublados y las situaciones que sólo inspiran languidez para la acción y pesimismo para la visión. Es importante que en este caso el quiromántico busque en el resto de la mano los signos que puedan contrarrestar estos impulsos y calcular su influencia real en la personalidad y en la existencia del consultante.

Además, hay que señalar también que este dedo revela características de laboriosidad y tenacidad de sus poseedores. Sin embargo, su falta de agresividad positiva puede limitarles a labores rutinarias, por pesadas que estas sean.

El dedo medio espatulado

Esta forma está relacionada con el escepticismo, la rebeldía y el afán desordenado o poco meditado de independencia o autosuficiencia. El poseedor de este dedo mostrará inclinación a las ideas sombrías, a las depresiones anímicas y a los criterios pesimistas.

Si la forma se clasificara como de excesivamente espatulada, la tendencia al pesimismo sería muy notoria, dando paso también a marcadas inclinaciones al fanatismo, así como a toda clase de actitudes materialistas y a la conducta impositiva, absorbente, desconsiderada y, en síntesis, tiránica. En lo senti-mental, los celos serían una constante y las rupturas un riesgo inevitable. Por supuesto, el quiromántico podría encontrar en otras partes de la mano algunas líneas atenuantes o canalizadoras de estas deprimentes características, por lo que deberá buscarlos de inmediato en cuanto observe datos tan negativos, antes de comunicarlos al consultante.

El anular o dedo del Sol

El anular muy largo

Inclinación e incluso aficiones de carácter artístico. Se trata de un temperamento vigoroso, pero muy inclinado hacia las manifestaciones del espíritu. Cuando la ambición está muy marcada en las formas y líneas de su mano, se le verá luchar denodadamente por objetivos que tienen más relación con los conceptos de gloria que con los de riqueza. De hecho, esta característica determina que el consultante se vea más atraído por la naturaleza del idealismo que por la del materialismo.

El anular más corto que el índice

Según el poseedor de esta forma de dedo anular, nada hay en el mundo que posea los atractivos del dinero. No importa si se trata de un consultante rico o pobre, en el fondo de sus convicciones se hallará siempre el germen del oro, y sólo la presencia de líneas o formas compensatorias en otras partes de la mano podrá conseguir que esta realidad se haga menos evidente.

Lo anterior no significa que la persona esté dispuesta a cambiar todos sus valores por oro. Simplemente sucede que, de manera inadvertida, todos sus intereses irán encauzándose desde su adolescencia hacia la consecución de fortuna. De su inteligencia y de lo propicio de su destino dependerá que la alcance más pronto o más tarde, así como que sea más o menos significativa.

El anular tan largo como el dedo medio

Un dedo anular tan largo como el dedo medio es distintivo de los audaces, de los temerarios, de las personas que se sienten atraídas por el peligro. No se trata necesariamente de irresponsables capaces de poner en peligro a los demás o de arriesgarse sin ninguna necesidad. Después de todo, la inteligencia tiene un papel destacado en la vida de todo ser humano. Sin embargo, estos seres no rehuyen el riesgo cuando tras el peligro hay una recompensa, y esto incluye todas las actividades humanas que reúnan semejantes características, como cruzar las cataratas del Niágara caminando sobre una cuerda, jugar a la bolsa o practicar una delicada operación quirúrgica para resolver una situación desesperada, etc.

Por otra parte, este dedo indica también propensión a mirar más allá del mundo material, interesándose al igual por la esencia de las doctrinas que por la realidad de la dimensión sobrenatural. Se trata de personas que beben con avidez en la copa de las maravillas y los misterios.

El anular puntiagudo

Es curioso cómo las personas que muestran esta forma de anular se hallan particularmente dotadas para el canto, ya sea de tipo popular o clásico. Y cuando, por alguna razón, el poseedor de este dedo no cuenta con una voz de calidad, se comprueba que por lo menos muestra un marcado interés por todo lo relacionado con el arte.

Este dedo señala también a la persona con tendencias al misticismo. Suele agradarle particularmente la posesión de imágenes artísticas relacionadas con las creencias religiosas, así como hallarse en lugares cuyo entorno invita a la meditación.

El anular achatado o cuadrado

Este dedo señala a la persona que ama el equilibrio en todos los órdenes de la vida y considera que le es indispensable en su entorno para poder desenvolverse saludablemente. Componentes indispensables de este equilibrio son la verdad y la justicia, que el poseedor de este dedo buscará constantemente en su relación con los demás, llegando incluso a procurar la concordia o la reconciliación en conflictos que le son ajenos, pero en los que está involucrada gente próxima o de su estima.

En otro sentido, este dedo es indicativo de particular inclinación por la acumulación de riquezas. Se trata de personas metódicas, por lo cual una de las principales acciones en su búsqueda de la fortuna es el ahorro sistemático, sin que esto signifique propensión a la tacañería. Asimismo, es de señalar la excelente disposición que poseen para todo lo relacionado con la enseñanza. Se diría que básicamente son maestros u orientadores.

El anular espatulado

Esta forma de dedo denota una considerable inclinación a la artesanía y a toda forma de creación manual. También se observa mucho entre actores y bailarines. Se trata de personalidades inquietas, de mentalidad muy ágil, aunque con cierta tendencia a perder el concepto de las proporciones y a sobrevalorar sus realizaciones.

Por otra parte, al ser personas que tienden a poner pasión en todo lo que hacen y esperan mucho de los demás, suelen sufrir un considerable desgaste que se traduce en trastornos circulatorios, nerviosos y cardiacos. Pero será inútil pedirles que disminuyan la intensidad de sus conceptos, pues ello equivaldría a tanto como inducirles a reducir el valor que se han dado ante el mundo, por lo que el quiromántico hará bien en buscar en la mano otras señales que aporten equilibrio y disminuyan la influencia de este dedo en la personalidad de sus poseedores.

El meñique o dedo de Mercurio

El meñique largo

Una apreciable longitud en el meñique debe interpretarse como señal de amor a la ciencia. Es asimismo indicativa de inteligencia y gusto por la profundización mental. Por añadidura, los poseedores de este dedo se hacen notar por su elocuencia y su adaptabilidad. Nada les parece nunca insufrible, y sólo se fijan en si deben pasar por ello o les conviene rechazarlo. No son particularmente rápidos para tomar decisiones, pero cuando adoptan una es porque han comprobado, mediante análisis muy válidos, que les aportará el resultado pretendido. También son excelentes comerciantes y comunicadores. Sin embargo, debe destacarse que entre sus mayores defectos se encuentra la inseguridad. Pese a todo lo antes dicho sobre su capacidad para analizar posibilidades, debe destacarse su considerable limitación cuando se trata de mantener un rumbo o esfuerzo constantes durante largo tiempo.

El meñique tan largo como el anular

Esta característica determina que el consultante posee un considerable poder de convicción. Se ha dicho que este es el dedo de los vendedores, aunque los grandes quirománticos lo han llamado también *el dedo de los profetas*. Destaca la capacidad de estas personas para expresar ideas con poder de atracción, a partir de los más diversos temas. Se diría que tienen una habilidad especial para hacer de la charla un espectáculo del máximo interés. No obstante, no se trata siempre de personas de intención intachable. Sin duda, este dedo perteneció a los políticos y los charlatanes que pasaron a la historia por su capacidad para aprovecharse del influjo que sus frases ejercieron sobre sus oyentes.

El meñique corto

El meñique corto es el dedo de la máxima agilidad mental. Muestra a una persona de ingenio tan veloz como agudo. Y casi sin duda a la que le gustará emplearlo como florete capaz de herir como jugando, trazando figuras que no puede pensarse que irán a causar daño, o por lo menos inferir una crítica tan justificada como original o impensada. Igualmente, estos malabaristas del pensamiento pueden destacar de la misma forma en la literatura y en la ciencia. Se obsesionan en la resolución de un problema, se sumergen hasta sus profundidades y pronto resurgen con la solución. Otra de sus características es el carácter infantil que conservan a lo largo de toda su vida y, al igual que los niños, muestran una tendencia permanente a la crueldad y al cambio incesante de opiniones y convicciones.

El meñique puntiagudo

Las personas poseedoras de este dedeo muestran particular tendencia a la meditación. Se sumergen constantemente en las cuestiones más trascendentes de la existencia y extraen de ellas auténticos tesoros que comparten gustosamente con cuantos se acercan a escucharles o leen sus obras. Poseen asimismo grandes cualidades para la diplomacia y, en general, para las relaciones públicas, superando en beneficio de los demás su natural inclinación al aislamiento.

El meñique achatado o cuadrado

La potencia básica de este dedo es la comunicación. Es propio de sujetos con imaginación e ingenio. Asimismo señala a astutos comerciantes y a investigadores científicos. Es notable la habilidad con que las personas con este dedo manejan la lógica, valiéndose de esta facultad para favorecer sus intereses particulares. Si de algo deben cuidarse los poseedores de este dedo es de la viveza de su genio y de la facilidad con que se desatan sus sentimientos. De hecho, son personas capaces de enamorarse perdidamente en una hora y, después de años de pasión o sólo minutos, pasar al desencanto absoluto. También debe advertírseles contra su tendencia a dejarse influir por los demás, lo que les expone a repetidas y penosas decepciones.

El meñique espatulado

Este dedo anuncia a la persona que gusta de cultivar la condición de su cuerpo, o que ama alguna actividad física, como la del baile o la gimnasia. A veces sus poseedores actúan como fanáticos de la salud, mostrándose en plena carrera al despuntar el sol, o lanzando desconsideradas toses y miradas sobre los fumadores que encuentran en los lugares públicos. También muestran dotes para la especulación. Saben percibir las oportunidades comerciales o financieras y poseen una muy confiable visión. En cuanto a sus defectos, debe advertírseles contra los arrebatos de mal genio, que luego son causa de que repe-

CHIROMANCIE NOUVELLE

RY HARMONIR AVRC LA PHRÉNOLOGIE ET LA PHYSIGNOMONIR

LES MYSTÈRES
DE LA MAIN

RÉVÉLÉS ET EXPLIQUÉS

ART DE CONNAIRNE, LA VIE, LE CARACTÈRE, LES ARTITRDES
KT LA DESTINÈN DE CHACUNX
D'APRÈS LA SEULE INSPECTION DES MAINS

PAR AD. DESBARROLLES

CINQUIÉME ÉDITION

Révue, corrigée et augmentée d'explications
physiologiques

PARIS

LIBRAIRIE DU PETIT JOURNAL

21, BOULEVARD MONTMARIRE, 2:

tidamente deban pedir disculpas o hacer compensaciones de mil formas, ya que esta es una de sus tendencias más acusadas. Asimismo, deben protegerse de los estragos que causan en ellos el éxito y la inclinación al derroche.

Quiromancia y astrología

Ya hemos indicado antes que la quiromancia está íntimamente ligada a la astrología. Se trata de un conocimiento muy antiguo que algunos equivocadamente atribuyen al quiromántico francés Michael Muchery. De hecho, se ha considerado siempre que la mano es como un portentoso microcosmos que registra todo lo concerniente al individuo y a su tiempo.

De tal manera, cada parte de la mano está en concordancia con astros o planetas. Es innegable que el dedo meñique, por ejemplo, está en directa relación con el signo zodiacal de Géminis, y es asimismo evidente que todos los tipos o formas de manos existentes reciben sus características esenciales de la conformación astral que corresponde al individuo desde el momento de su concepción. Así, las manos del ser humano empiezan a definir y mostrar sus rasgos desde el primer instante de vida independiente, tras abandonar el vientre materno. Entre las primeras características astrales perceptibles se encuentran los llamados *montes*, que son los bultos carnosos que aparecen en la base de los dedos, conocidos con el nombre de un astro en el siguiente orden:

— Venus, en la base del pulgar;
— Júpiter, en la base del índice;
— Saturno, en la base del dedo medio;
— Sol o Apolo, en la base del dedo anular;
— Mercurio, en la base del meñique;
— Marte, bajo el monte de Mercurio;
— Luna, entre el monte de Marte y el principio de la muñeca.

Por supuesto, cada uno de estos montes posee las características esenciales atribuidas a los respectivos planetas.

Debe tenerse en cuenta que, en general, los montes confieren a cada mano su constitución particular, influyendo no sólo con su propio volumen sino aportando también su consistencia para que los restantes volúmenes cobren una forma y un lugar significativos.

Para apreciarlos e interpretarlos debidamente, el quiromántico deberá palparlos, practicar sobre ellos una serie de leves presiones que le permitan notar la consistencia de la forma y la verdadera riqueza de su masa, lo cual no puede captarse sólo por medio de la mirada. Veamos, pues, cuáles son las propiedades, es decir, los atributos e implicaciones, de cada uno de los siete montes de la mano.

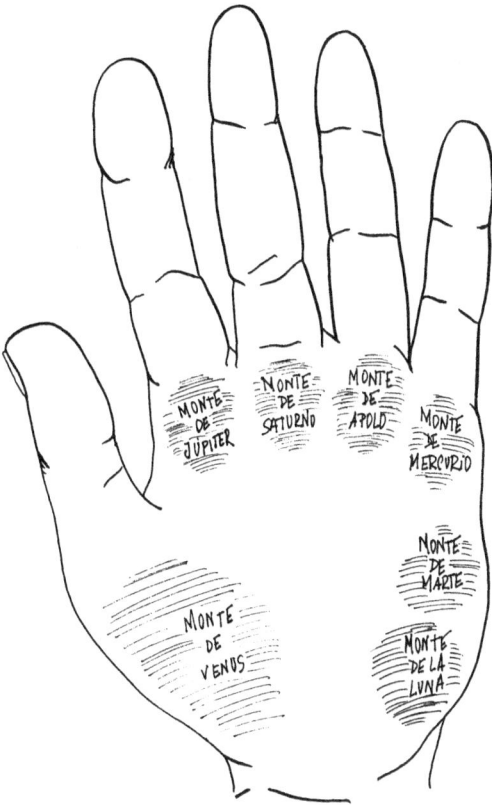

MONTE DE JÚPITER

MONTE DE SATURNO

MONTE DE APOLO

MONTE DE MERCURIO

MONTE DE MARTE

MONTE DE VENUS

MONTE DE LA LUNA

El monte de Venus

Este es el monte de las personas que mayor capacidad poseen para ofrecer afecto y ternura. En ellas esta parte de la mano, que es justamente la gran base de pulgar, aparece con mayor volumen y plenitud, característica que es indicativo de sensualidad, de gusto por todo lo que la caricia implica.

Obsérvese cuidadosamente esta formación. Primero hay que pedir al consultante que abra completamente la mano para observar el monte en su mínima manifestación. Luego, habrá que pedirle que la cierre a medias, de manera que sea posible apreciar el monte en la postura que más favorece la manifestación total de su volumen. El quiromántico debe sentir si hay firmeza en el monte e igualmente debe apreciar su textura y percibir si existen en la mano finas reacciones de carácter nervioso o especial calidez cuando se palpa esta significativa protuberancia.

La mano desmiente a los hipócritas

Tras la aguda apreciación que acabamos de mencionar, conviene tener en cuenta, sobre todo, lo siguiente: cuando el monte de Venus muestra un volumen medio, es indicativo de una disposición amorosa que se manifiesta más de manera mental que física, sin que ello signifique ninguna limitación en la expresión corporal; se trata simplemente de una persona que no conseguirá manifestar su sensualidad plenamente, a menos que antes su cerebro considere que no existe mayor inconveniente. Esta actitud no pueden adoptarla las personas que muestran este monte muy desarrollado, a quienes en casos extremos se les verá incluso caer en la promiscuidad sin demasiadas reticencias.

Por el contrario, en los individuos que muestran escasa disposición a la sensualidad, en los que incluso es notorio el afán por proyectar la idea de castidad o recato, el monte de Venus aparece mínimamente desarrollado. Pero si el quiromántico encontrase que no es así, que la persona consultante se muestra sumamente reservada y pudorosa en este aspecto, pero que su monte de Venus está muy elevado, deberá entender que se trata de una personalidad ambivalente, que oculta su verdadera naturaleza pero que encuentra la forma de satisfacerla sin ser vista, ya que, cuando se da el caso de que una persona sensual se ve imposibilitada para encauzar su sensualidad, el monte de Venus acaba por languidecer, marchitándose, mostrando una clara pérdida de volumen, consistencia y vitalidad. En términos generales debe considerarse que las dimensiones del monte de Venus son indicio del potencial amoroso del sujeto, así como también de su caudal de energía y de la calidez de su personalidad.

El monte de Júpiter

La amplitud del monte de Júpiter, el que se encuentra en la base del dedo índice, está asociada con el orgullo y la ambición, de manera que estos serán mayores en la medida en que esta parte de la mano aparezca más grande y carnosa. Pero, cuando resulte demasiado considerable, indicará un temperamento soberbio, dado a las ideas preconcebidas, a la superstición y a la desconsideración hacia cuantos le rodean, por lo que, por regla general, se tratará de personas que viven en conflicto y que no son muy queridas por nadie. Y es que este es el monte de los dictadores, de los tiranos, de los padres de familia que mantienen a los suyos sujetos a su inflexible voluntad, de los jefes que mantienen sistemas disciplinarios que implican humillación y sometimiento. En las manos de estos seres, el monte de Júpiter tiene siempre dimensiones superiores al del común de la gente. Y de hecho se trata de espíritus atormentados, expectantes siempre ante la posibilidad de traición o desobediencia.

Su único refugio viene a ser, con frecuencia, un exagerado fervor religioso o un acendrado partidismo. No debe perder de vista el quiromántico que en el monte de Júpiter se alojan todos los extremismos, por lo que debe considerarlo como base de la personalidad siempre que se encuentre que tiene un tamaño superior al normal. Y si no muestra mayores dimensiones que el promedio, sino que mantiene características normales, deberá interpretarse en el sentido de que el consultante posee ambiciones proporcionadas a su capacidad mental y ánimo suficiente para luchar por ellas con optimismo.

Sin embargo, cuando el monte de Júpiter es pequeño, debe traducirse como propensión a la vulgaridad y a la falta de integridad. Se tratará de una persona carente de encanto personal o, si lo tuviera por contar también con un monte de Venus desarrollado, el individuo dirigirá todas las capacidades de su personalidad hacia la manipulación de sus semejantes.

Ahora bien, si se encontrara con que este monte prácticamente no existe, que la parte básica del índice se encuentra plana, que es preciso hacerle entrecerrar la mano al sujeto a fin de que la piel llegue a abultar un mínimo en esa área, entonces deberá interpretarse el hecho como signo de pereza, pero, a la vez, habrá que anotar en el haber del consultante todos las cualidades que se restan cuando el monte de Júpiter muestra las máximas dimensiones, de modo que se adjudique precisamente la personalidad opuesta a la de un tirano.

Influencia de la orientación o disposición

Finalmente, es preciso examinar y definir la orientación del monte de Júpiter, ya que si se encontrase inclinado hacia dentro, hacia el monte de Saturno, deberá considerarse que su disposición a la religiosidad es considerable. Pero, si se trata más bien de una convergencia, de modo que no tiende a apoyarse en el monte de Saturno, sino que se une a él por un punto, entonces deberá entenderse que el consultante no es persona escrupulosa y que puede corromperse fácilmente a cambio de dinero, o que nada le detendrá para aprovechar la primera oportunidad de lucro que se le presente. En cuanto a las líneas rectas que se localizan en la base del monte de Júpiter, su abundancia marca el índice de claridad y de rectitud con que el dueño realiza sus esfuerzos para triunfar en la vida.

El monte de Saturno

El de Saturno es el monte donde reside el destino. De sus dimensiones dependen la magnitud de las ambiciones y la forma de vivir que el individuo mantenga a lo largo de su vida adulta. Y aquí conviene explicar que esto no es precisamente una cuestión de dinero, ya que personas con pequeños montes de Saturno se apegan a formas de vida carentes de pretensiones e imaginación aun cuando posean fortuna suficiente para vivir mejor, en tanto que otros, con este monte muy desarrollado pueden encontrarse en situación precaria y, no obstante, mantener un estilo de subsistencia que a nadie le parecería inferior al de personajes verdaderamente acaudalados. Por lo tanto, el significado del monte de Saturno no está directamente relacionado con las posibilidades de fortuna, sino, exclusivamente, con el arte de saber vivir, que se resume en la vieja sentencia que afirma: «Siempre vive con grandeza quien hecho a grandeza está». Sin embargo, cuidado, que casi nada de este monte es orégano.

Cuando es amplio, la persona se ve frecuentemente ensombrecida por el mal humor o incluso la amargura, más dedicada a lo que pudo haber sido que a lo realmente acontecido, de manera que vive sus problemas una y otra vez manteniéndolos encendidos en su mente y en sus sentimientos; suele sentirse corroída por rencores surgidos en sucesos que la mayoría de las personas ya habría olvidado. De hecho, cuanto más ancho sea este monte, mayores serán las dificultades que el consultante debe encontrar a lo largo de su vida.

El planeta Saturno es el viejo maestro de los hombres, pero su letra con sangre del alma entra. Es un mentor que en sus mayores dimensiones resulta temible. Sin embargo, cuando se encuentra en tamaño medio confiere nobleza, incluso cierta elegancia a la personalidad, aunque siempre teñida con un halo de desconfianza y un deseo permanente de bienes y riqueza. Pero, en general, hombres y mujeres tienden a la estabilidad y al apacible disfrute de cuanto logran con su propio esfuerzo.

Es preciso que este monte sea pequeño para que el individuo presente características tales como el deseo constante de aprender y, como contrapunto, una más o menos marcada inclinación a la frivolidad, a la vida fácil. Sin embargo, siempre se halla presente ese halo depresivo, un cierto aire de tristeza que influye en todos sus actos y los matiza infundiendo en su pensamiento la convicción de que sólo el esfuerzo personal y una existencia moderada le permitirán alcanzar un nivel elevado de vida.

El monte del Sol

El monte del Sol, también llamado de Apolo, influye en el consultante, como los otros montes, de acuerdo con su volumen y consistencia. En su manifestación más amplia muestra que el individuo es dado a alardear, sin detenerse ante ningún género de exageración o medio para aumentar artificialmente sus brillos, tanto en lo intangible como en lo material.

Pero cuando el monte presenta dimensiones medianas, lo que en el medio quiromántico se considera como normal, disminuye la tendencia a la exageración y aumenta la preocupación por que las cualidades sean todo lo auténticas y trascendentes posibles, lo cual da lugar a intelectuales de gran valor, particularmente en las esferas del teatro y los espectáculos en general, por más que ciertas figuras deban permanecer por siempre en el nivel del gran monte solar descrito en el párrafo anterior.

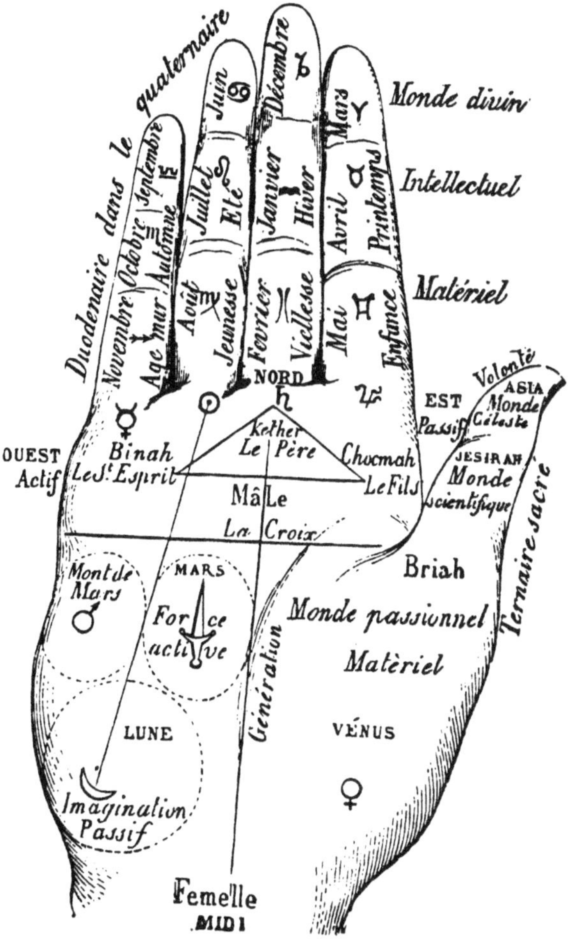
Duodenaire dans le quaternaire
Septembre
Octobre
Novembre
Automne
Age mûr
Juin
Juillet
Été
Août
Jeunesse
Décembre
Janvier
Février
Hiver
Vieillesse
Mars
Avril
Mai
Printemps
Enfance
Monde divin
Intellectuel
Matériel
NORD
Volonté
ASIA
Monde
Céleste
EST
Passif
OUEST
Actif
Binah
Le St Esprit
Kether
Le Père
Chocmah
Le Fils
JESIRAH
Monde
scientifique
Mâle
La Croix
Briah
Monde passionnel
Matériel
Ternaire sacré
Mont de Mars
MARS
Force active
Génération
LUNE
Imagination
Passif
VÉNUS
Femelle
MIDI

La ausencia de monte solar da lugar a personas de carácter impersonal, frío, preocupadas únicamente por la efectividad en sus actividades, pero desdeñosas de los elogios y el esplendor. Por lo general son temperamentos ásperos, de trato distante, afectos a la ironía y a los juegos de palabras hirientes, poco atraídos por los conceptos del arte o por las sutilezas que aportan felicidad a mentalidades más perceptivas. En consecuencia, las personas carentes de monte solar suelen vivir separadas de los demás, rehuidas o segregadas.

El monte de Mercurio

Este es el monte que da la medida de la capacidad intelectual del consultante, pero, cuanto menor y menos ancho sea, menos considerable será esta. Más aún, los montes de Mercurio pequeños pertenecen a las personas de trato menos brillante y más afectas a emitir juicios ácidos.

El monte mercuriano de dimensiones regulares o medias avala una mentalidad particularmente apta para el aprendizaje y para la conformación de meticulosos planes de acción que, posteriormente será capaz de llevar a la realidad con igual efectividad. De manera particular, hay que señalar que este es el monte de los abogados defensores, de los periodistas y escritores de mayor agudeza, así como de los vendedores más persuasivos, aunque, eso sí, menos constantes.

En cuanto al aspecto amoroso y sensual, el monte de Mercurio determina poderosas inclinaciones sexuales y gran propensión a los apasionamientos, pero siempre de carácter breve. Se diría que son chispazos que jamás alcanzan dimensión de llamarada. Los hombres que poseen bien desarrollado este monte gustan de todo lo relacionado con el periodo de cortejo. Son elocuentes hasta la fascinación, pero empiezan a decaer una vez que han obtenido el primer beso. Así, no tardan en hallarse en busca de las emociones que ha de proporcionarles la siguiente conquista, siempre con la engañosa ilusión de que esta vez será la definitiva.

Cuando el monte mercuriano es de escasas dimensiones o casi inexistente, suele estar asociado a una inteligencia opaca, incapaz de retener lo aprendido y siempre dispuesta a la mentira y al subterfugio para lograr sus fines, que tampoco suelen ser muy ambiciosos. En este último caso, la pequeñez del monte de Mercurio conferirá a la sexualidad de la persona una marcada tendencia a vivir tórridos romances de carácter imaginario, a cambio de una realidad repleta de desilusiones o insatisfacciones.

El monte de Marte

El monte de Marte encierra el potencial de agresividad de su poseedor. Agresividad que lo mismo puede tener carácter positivo que negativo. De este monte depende la valentía para enfrentar las dificultades de la vida y el coraje, para no conformarse con cualquier cosa y obtener de su existencia únicamente lo mejor, así como la capacidad para sobreponerse a la fatiga y combatir las inclinaciones del individuo contrarias a lo que realmente le conviene. Pero, por otro lado, también determina el empuje, la potencia que es capaz de aplicar sobre el mecanismo de sus deseos a fin de obtener lo máximo de sus posibilidades mentales y aún más, mucho más, ya que la experiencia milenaria determina que con frecuencia resulta más valioso el afán de triunfar que la capacidad. En síntesis, Marte confiere al sujeto la fuerza más valiosa, necesaria para combatir contra sí mismo y contra su destino.

Por lo que a las mujeres se refiere, cuando su monte de Marte aparece alto, considerablemente desarrollado, muestran un empuje que basta para desplazar a cuantos hombres se encuentren en el camino de sus ambiciones. Se trata de mujeres independientes, incontenibles, que efectivamente asustan al hombre, por lo que suele serles muy difícil encontrar pareja adecuada.

También hay que señalar que la combatividad a la que induce Marte no siempre se encamina hacia el éxito. Es preciso que el quiromántico, apreciando el contexto del resto de la mano, observe la tendencia general de este caudal de energía, pues también pudiera, por ejemplo, estar encaminada hacia el delito o hacia el misticismo, lo que conduciría a este espíritu a las máximas profundidades o a las alturas más insospechadas.

El monte de Marte en las mujeres

Si las dimensiones o apariencia del monte de Marte están dentro de lo que se considera término medio o normal, se entiende que el individuo está dotado para aprovechar cuanta oportunidad de progreso se le presente, aunque no sea un luchador excepcional. Las mujeres se mostrarán vibrantes, capaces en cuanto emprendan y dotadas con excelentes cualidades de mando. El quiromántico debe observar muy bien esta cualidad y compararla con las que resulten de las restantes formas y líneas de la mano, ya que la vida sentimental de estas mujeres ofrece posibilidades de poco brillo.

En efecto, su disposición a mandar las convierte en esposas dominantes o inconformistas. En su origen, esta es una inconformidad de carácter positivo, que induce a buscar el progreso en la vida, pero que en el obligado segundo plano que en algunos casos les confiere el matrimonio acaba por deformarse y convertirse en un medio para herir a un marido al que ya no sienten como aliado, sino como lastre. Y si este es un hombre de personalidad débil, con un monte de Marte insignificante, la unión acabará por convertirse en un foco de insatisfacciones y tormentos mutuos. Y, peor aún, si el hombre no absorbiese la agresividad de la mujer y fuese igualmente dado a expresar la suya de manera negativa, entonces los males se multiplicarían y ninguno de los allegados podría vivir tranquilo, particularmente los hijos, cuya existencia se llenaría de traumas. Debido a ello es de gran importancia que el quiromántico observe el resto de los signos, para poder advertir al consultante sobre las verdaderas implicaciones que tendrá en su vida el monte de Marte, cuya influencia es trascendental.

En resumen, cuando el monte de Marte es tan voluminoso que se impone en la comparación con los demás, estará señalando una particular propensión a la violencia, incluso a la criminalidad en cualquiera de sus manifestaciones, que puede ir desde el maníaco sexual hasta el criminal despiadado, pasando por el ladrón de alta especialización. Por el contrario, un monte de Marte reducido, deprimido, llano o de mínima altura, será indicio de falta de vigor en la personalidad, de propensión a la cobardía, de imposibilidad para imponerse a los demás en cualquier sentido o situación, así como, finalmente, de incapacidad para disfrutar la vida como no sea en soledad o en un escondite.

El monte de la Luna

En el monte de la Luna se concentran todas las cualidades relacionadas con la gentileza, así como con las tendencias románticas.

De cualquier manera, un monte de la Luna demasiado grande se da en las personas que experimentan una considerable inclinación a las preocupaciones, incluso sin razón. Son personas que viven sometidas a una nerviosa actividad, con frecuencia inventándose trabajos para mantenerse en acción. Se trata también de mentalidades dadas a los cambios bruscos, lo que en otro tiempo dio lugar al término *lunático*, y que en sus peores manifestaciones puede incluso adquirir características patológicas. Sin embargo, hay que señalar que no suelen representar peligro para lo demás, aun cuando parezcan solazarse con ideas autodestructivas o, por lo menos, deprimentes en alto grado.

Cuando el monte de la Luna tiene tamaño normal, señala inclinaciones a la emotividad y a lo imaginativo. Es de destacar que las personas románticas posean este monte bien modelado y tiendan siempre a imaginar el amor de una manera armónica, apegado a una pauta que han de seguir durante toda la vida, por lo que frecuentemente sufren desilusiones al tener que enfrentarse de pronto con la realidad.

Cuando el monte lunar se encuentra poco desarrollado o incluso parece llano, indica la ausencia de las características antes mencionadas. En este caso el individuo actúa de manera dominante, absorbente y se complace en criticar los asuntos o las relaciones sentimentales de los demás. En general muestra una actitud descentrada ante la vida y su único placer estará en relación con la crítica o el dominio de sus semejantes, de cuyas mentes y ánimos busca apoderarse para someterlos a lo que comúnmente se llama chantaje sentimental. A estas personas nunca se les debe participar un secreto, pues tarde o temprano lo traicionarán o lo usarán ellas mismas para herir a quien se lo contó.

Las líneas
de la palma

El aprendiz de quiromántico deberá dedicar particular esfuerzo al estudio de las líneas de la palma de la mano, entendiendo que no podrá empezar a interpretarlas de un día para otro, ya que es mucho lo que debe aprender. De hecho, la quiromancia no sólo es uno de los medios más completos para describir la naturaleza del ser humano, así como su presente, su pasado y su futuro, sino que también es una de las artes más complejas y que más aptitudes exigen.

Lo primero que debe aprenderse son las bases, a fin de poder captar de manera rápida y global el perfil del individuo. Sin embargo, al mismo tiempo, el aspirante a quiromántico deberá aprender también a reconocer las excepciones que invariablemente toda regla tiene.

De hecho, pese a los reparos de los que sólo aceptan lo demostrable ante los sentidos —según los cánones de la ciencia—, es preciso decir que primero empieza y termina un médico sus estudios universitarios antes de que un quiromántico consiga el privilegio de interpretar todo lo que la naturaleza escribió en la mano de una persona. Y ya que hemos mencionado la profesión médica como punto de comparación, convendrá establecer otro aspecto que la quiromancia comparte con ella. Efectivamente, existen quirománticos que se consideran incapaces de abarcar por completo su arte y actúan valiéndose únicamente de los rudimentos, ofreciendo a los consultantes apenas un esbozo. Por otra parte, también son numerosos los que se han especializado en la interpretación de un grupo reducido de líneas exclusivamente. Realmente en el mundo hay muy pocos quirománticos capacitados o dispuestos a realizar la lectura completa de todos los aspectos de la mano, aunque estos maestros quirománticos tampoco suelen dar consulta directa al público, sino que se consagran a la atención de las grandes personalidades internacionales y a atender las consultas que les hacen los quirománticos menos eruditos.

Sin embargo, como en todo, la base es de capital importancia. Quien cuenta con ella puede empezar a servirse de la quiromancia y a satisfacer la siempre inagotable curiosidad de los consultantes. Y es que sobre las líneas de la palma se halla centrada la atención del mundo. Decir quiromancia es evocar instantáneamente las seis líneas que surcan el cuadro o rectángulo de la palma y que son histórica e internacionalmente consideradas así:

— vida;
— cabeza;
— corazón;
— Saturno;
— hepática;
— Sol.

Hay tres de estas líneas que se han hecho particularmente famosas por formar una M: se trata de las líneas de la vida, la cabeza y el corazón. Para apreciarlas sólo hay que situar la mano izquierda con los dedos apuntando hacia la derecha. El trazo curvo que empieza formando la M por la izquierda, por debajo del monte de Venus, es la línea de la vida. El trazo descendente que sigue, es el correspondiente a la línea de la cabeza. Finalmente, el tercer trazo descendente es la línea del corazón. Sus características e implicaciones deben ser cabalmente estudiadas por quien se inicie en la quiromancia con la esperanza de acertar al cien por cien.

La línea de la vida

Sin duda, la línea de la vida ha de ser siempre un trazo bien definido y debe llegar hasta el borde de la mano, más arriba aún que el monte del pulgar. La longitud de esta línea alude a la salud de la persona. Ahora bien, la mayoría de los consultantes suelen

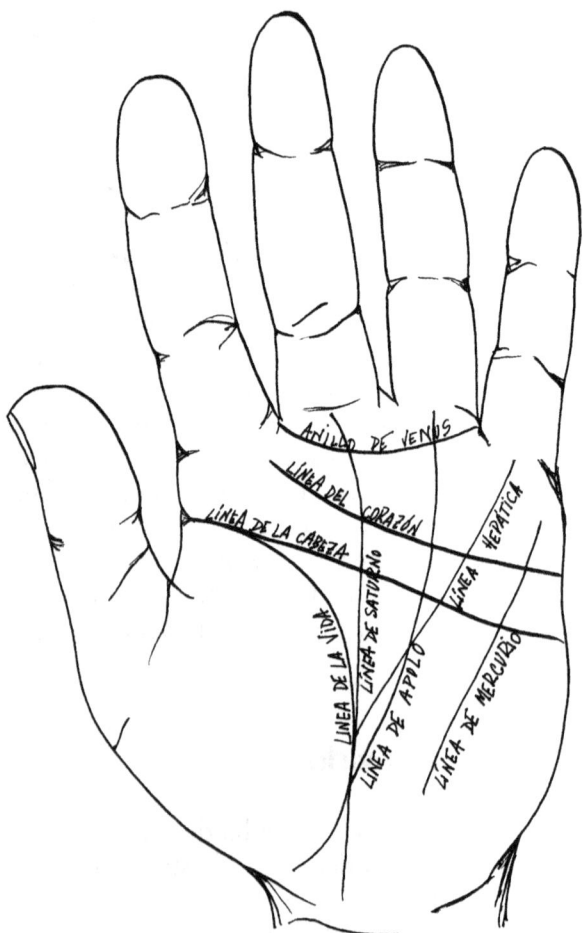

ANILLO DE VENUS

LINEA DEL CORAZÓN

LINEA DE LA CABEZA

LINEA HEPÁTICA

LINEA DE LA VIDA

LINEA DE SATURNO

LINEA DE APOLO

LINEA DE MERCURIO

plantear de inmediato un interrogante: «¿Cuánto va a durar mi vida?». Para responder la verdad (aunque a veces al quiromántico no siempre le conviene decir toda la verdad, ya que tampoco le conviene al consultante conocerla), puede procederse de la siguiente forma:

— se coloca la mano del consultante sobre la mesa de la consulta en la que se habrá esparcido previamente polvo de mina de lápiz;
— se presiona la palma de la mano contra la hoja de papel, de manera que se establezca un perfecto contacto y la palma quede perfectamente impresa.

La impresión de la mano así lograda deberá dividirse a lo largo en diez partes iguales, cada una de las cuales, de forma correlativa, representará un lapso de diez años de vida. Si en su interior aparece un tramo de la línea de la vida representará diez años más de vida; cuando la línea desaparece en una de las diez partes, la vida terminará a la altura del último punto alcanzado. De esta manera, si la línea de la vida se extingue antes de llegar a la octava división, se comprenderá que el sujeto tiene grandes posibilidades de llegar hasta los ochenta años.

Los quiromántico profesionales suelen valerse de calibradores especiales para medir la línea de la vida, pero este procedimiento ofrece a menudo el inconveniente de distraer al consultante y hacerle olvidar el significado de todas las otras características de su mano al concentrar su interés únicamente en esta línea.

Y no hay duda de que el estudio de esta línea tiene particular importancia, de manera que conviene observar su anchura, a la vez que las variaciones que pueda tener en este aspecto, así como el tipo de rayas que la cruzan. Si la persona fuese de constitución débil, se observará que el trazo es borroso; por el contrario, si rezumase vitalidad, la línea aparecerá profundamente definida. En cuanto a las líneas que la cruzan, no olvidemos que significan enfermedades, de modo que cuantas más sean mayores serán los problemas que experimente la salud del consultante precisamente en las etapas de su vida que corresponden a las divisiones en que aparecen.

Respecto a la salud, debe recordarse también que no sólo se observa en la nitidez del trazo. Cuando es excelente llegan a presentarse fenómenos como el de la doble línea de vida que, ciertamente, no es una característica que el quiromántico encuentre con frecuencia, pero que se da en individuos que muestran una vitalidad por completo fuera de lo común. Cuando la línea de la vida aparece cortada, debe entenderse un acercamiento a lo que es el concepto de la muerte, ya que implica un episodio en que el sujeto llega a perder por completo el dominio de sí mismo y es tocado por el extremo peligro, como podría ser el caso de tener que someterse a una operación quirúrgica de particular riesgo o complejidad.

Cuando la línea de la vida aparece eslabonada, es decir, compuesta por una especie de trenzado, manifestará que la persona en tal periodo (seguimos calculándolos en etapas de diez años, según la altura que ocupen a lo largo de esta línea) sufrirá una serie de estrecheces de carácter económico, con todas las incomodidades y las angustias que esto conlleva.

Interrelación de la línea de la vida con la de la cabeza

El punto o puntos de unión de la línea de la vida con la de la cabeza debe ser también objeto de toda la atención por parte del quiromántico.

El encuentro de estas líneas, cuando forma un ángulo agudo, indica que la persona hará buenos negocios, poseerá una salud más o menos sólida y estará en posición de disfrutar la vida en los niveles físico, mental y espiritual.

Si, por el contrario, estas dos líneas no llegan a unirse, deberá deducirse que su dueño tiene problemas para comunicarse con los demás. Asimismo, cuando el espacio que media entre las líneas de la vida y de la cabeza es considerable, deberá entenderse que posee una personalidad que genera rechazos por parte de los demás; un ejemplo de este tipo de personalidad podría ser el de la persona demasiado franca que no se controla en decir lo que piensa, actitud que podría ocasionarle una continuada serie de incomprensiones o resentimientos, o incomunicación con allegados y extraños. Pero si el espacio intermedio se apreciara muy ancho y ambas líneas apareciesen muy rojas, deberá entenderse que el consultante es una persona de miras estrechas, espíritu grosero y desconsiderado, sólo capaz de albergar las más torpes ambiciones.

Lo común es que estas líneas no se unan mientras pasan bajo el monte de Júpiter, Pero, si se diera el caso de que apareciesen juntas en alguna mano, el hecho deberá entenderse como anuncio de mínima inteligencia.

En realidad, la línea de la vida más equilibrada sería la que apareciese con un ligero tono rosado, lo que sucede cuando la piel no es tan gruesa y puede entonces calcar el tono de la sangre. Si el tono rojizo fuese muy acusado, también indicará fuerza en la persona, aunque es también síntoma de que la persona abusará de este poder. Así, la línea extraordinariamente roja y de trazo comparable a un tajo por su perfecta definición, delatará al individuo agresivo, violento, incapaz de ambiciones rectas y sentimientos equilibrados; suele tratarse de personalidades que incluso disfrutan con el temor y el rechazo de los demás.

Por el contrario, cuando la línea de la vida se aprecia con una tenue coloración azul, el quiromántico deberá entender que se halla ante un consultante sumamente sensible, de naturaleza romántica, pero muy dado a los disfrutes del amor, por lo que sería posible que no se conformara con el amor de una persona, sino todo lo contrario, que buscara durante toda su vida amores de más y mayor intensidad para sus emociones y sus sensaciones. Cuanto más se oscurezca el trazo azulado, en mayor proporción habrá de interpretarse que el consultante es capaz de llegar hasta lo dramáticamente espectacular en sus arrebatos pasionales.

La línea de la cabeza

Lo más común es que la línea de la vida y la de la cabeza partan de un mismo punto. Cuando no es así, ha de entenderse que el individuo no es muy meticuloso con sus obras o sus posesiones. Asimismo, si la línea de la cabeza es un trazo recto, que no experimenta más que ligeros torcimientos, ha de verse como un indicio de potencia mental y de voluntad. Se trata de un signo característico de los que logran algún nivel de triunfo en la vida.

Si se observa que la línea de la cabeza muestra tendencia hacia el monte de la Luna, significará que el sujeto posee el don de la imaginación, lo cual con frecuencia deriva en facultades tales como la de la creación poética, la composición de canciones románticas. No obstante, si la tendencia fuese muy marcada, es probable que se trate de una persona interesada en todo lo referente a las profundidades del alma humana, a la psicología o al ocultismo.

Cuando la línea de la cabeza tiende hacia el monte de Mercurio, se estará identificando a una persona de voluntad volátil y carencia de escrúpulos o, por el contrario, al espíritu ávido de conocimientos científicos. El hecho, es que aquí la cabeza se impone sobre el corazón, lo mismo para mal que para bien, dependiendo esto de lo que esté escrito en el contexto general de la mano.

Cuando la línea de la cabeza tiende hacia el monte del Sol, significará que la persona abriga ilusiones de alcanzar grandes honores y distinciones en el transcurso de su vida, con la riqueza que según él esto debe implicar.

La línea del corazón

Según los grandes maestros de la quiromancia, basta medir la línea del corazón para conocer la capacidad de afecto que el sujeto es capaz de ofrecer a alguien. Pero, cuidado, pues esta línea requiere no sólo la observación en una mano sino en ambas, para confirmar todas las tendencias y fundarlas adecuadamente, ya que se trata de un aspecto sumamente delicado, de particular interés para el consultante, pero que da lugar a muchas interconexiones y confusiones que desorientan al quiromántico que no posea una sólida experiencia.

Así, se ha establecido que una línea corta es una referencia a breves periodos de afecto o amor. Sin embargo, cuanto más larga sea esta línea mayor será la capacidad de afecto que pueda tener un consultante; esta misma característica de longitud habla del grado de fidelidad de que es capaz. Y el ideal máximo que puede mostrar esta línea se da cuando se eleva sobre el monte de Júpiter.

Si se observara que la arranca del monte de Saturno, significaría que la fuente de los sentimientos afectivos de esta persona está muy relacionada con su sensualidad. En tal caso, el consultante no tendrá grandes escrúpulos para ignorar toda conveniencia matrimonial y entregarse al cultivo del máximo número de amoríos. Obsérvese bien la línea del corazón y considérese que todo corte súbito representa la extinción de un afecto de importancia suficiente como para haber dejado huella en la palma de su mano.

Ahora bien, el punto donde se localiza la ruptura del afecto tiene una particular interpretación: si se halla próximo al monte de Saturno, será indicativo de que las circunstancias que determinaron el término de esa relación estuvieron fuera del dominio del interesado. Esto significa que la iniciativa de la ruptura o la culpa fue o será de la otra persona, o de las circunstancias mismas por las que pueda pasar su relación. Si la interrupción de la relación está señalada debajo del monte del Sol ha de entenderse que se debió a la misma naturaleza del sujeto, dado a cambiar constantemente a las personas objeto de su amor y deseo. Si la ruptura se localizara debajo del monte de Júpiter, indicaría la posibilidad de que la separación fuera por culpa de una situación de celos o por la ambición desmedida.

La línea de Saturno

Ya hemos dicho que Saturno determina lo que ha de ser y no ser en la vida de cada ser humano. Así pues, su línea es la del destino y de la fortuna; a partir de ella el quiromántico puede establecer el futuro del consultante. Pero no será sin antes haberla estudiado con profundidad, comparando los hallazgos de los viejos maestros y formando su propio registro en el que consignará todos los detalles de los tipos de mano que más le hayan llamado la atención y cuyo destino pueda seguir de alguna manera. Sin embargo, desde ahora deberá aceptar el hecho ineludible de tener que consagrarse a la interpretación de esta línea en la que incluso los veteranos han de situarse como neófitos dubitativos.

Esta línea arranca casi del límite con la muñeca, para seguir en su recorrido por la parte central de la mano hasta el monte de Saturno o el de Mercurio. Esencialmente, es indicadora de fortuna, sea buena o mala, refiriéndose también por extensión a todo lo relacionado con la posición social, la seguridad económica y la suerte en el amor.

Pese a la importancia de sus revelaciones, algunas tendencias quirománticas han preferido considerar esta línea como secundaria o accesoria ya que, para empezar, puede no encontrarse en algunas manos, o sólo ser perceptible de manera parcial o en trazos muy cortos.

En cuanto a los puntos de arranque, hay que señalar que si se inicia desde la muñeca no estará indicando cambios importantes en la situación del consultante. Si empieza en la línea de la vida, estará señalando un momento favorable en la época que su arranque señala. Pero si arranca del llamado plano de Marte situado en el centro de la mano (entre los montes, que son indicativo de acción), es prácticamente una garantía de que el consultante alcanzará un nivel de vida estable desde su juventud misma, entre los veinte y veinticinco años. Si el arranque fuese desde el monte de la Luna, estará indicando progreso económico a través de la intervención de una persona del sexo opuesto. Finalmente, si el arranque fuese en la línea de la cabeza, indicará que el individuo logrará estabilizar su posición económica después de los treinta años, pero no mucho tiempo después de haberlos cumplido.

La línea hepática

La línea hepática ha sido particularmente considerada desde la más remota antigüedad como la guía de la salud. Cuando se la ve unida a la línea de la vida, se considera que existe cierta debilidad cardiaca o circulatoria. Los maestros de la quiromancia han preferido encontrar siempre estas dos líneas bien separadas entre sí, ya que implica que el consultante tiene grandes posibilidades de llegar a una avanzada edad. Por supuesto el quiromántico ha de consultar de inmediato lo que revela la línea de la vida.

Cuando la línea hepática es tortuosa, el individuo se verá afligido por diversos tipos de jaqueca y otras afecciones de origen nervioso; ahora bien, cuando la línea es muy estrecha, estos dolores de cabeza serán más agudos y su causa deberá buscarse en el hígado. El corte definitivo de la línea hepática será señal de trastornos digestivos.

Hay que observar que esta línea no siempre es fácil de localizar en personas jóvenes, por lo que se dice que es prerrogativa de los ancianos, en los cuales se encontrará más marcada cuanto más avanzada sea su edad.

La línea del Sol

La línea del Sol también se considera línea de la fortuna, ya que es en ella donde se refleja el potencial de éxito y de fama. Ciertamente no es una línea fácilmente localizable y, mientras en algunas manos se la ve aparecer ya en el nivel de la muñeca, en otras arranca en el monte de la línea de la vida.

Si arrancase con claridad del mismo monte del Sol, estaría mostrando una persona que tiene grandes posibilidades de alcanzar el éxito y la fama. Cuando penetra en el monte del Sol una línea doble, el consultante podrá considerar que se le entregará el éxito sin fama ni mayores honores. Esta es precisamente la división más importante e inquietante que se hace toda persona en torno a la relación entre fama y fortuna, de manera que conviene recordar bien la diferencia para decir siempre con acierto cuándo van juntas y cuándo sólo una acompañará al consultante. De cualquier manera, en uno u otro caso significará un hallazgo feliz, pues no son rasgos de los que puedan presumir la mayoría.

Las seis líneas menores

Existen otras líneas que también aportan datos muy interesantes, sobre todo en su calidad de matizadoras de los mensajes hallados en las líneas principales. Es decir, contribuyen al cumplimiento de un principio elemental de la quiromancia, que obliga siempre a constatar el dato aparecido en una línea o monte, con lo que en el mismo sentido o con el mismo significado pueda haber en otros puntos de la mano. El principiante se encontrará a veces con contradicciones desconcertantes tales como el caso real que explicaremos a continuación.

Hace algunos años un quiromántico se dispuso a leer la mano a una amiga, cuando en la palma de su mano descubrió el signo de la muerte. No se sintió capaz de continuar con la lectura y con ello asustó también inútilmente a la consultante a fuerza de negarse a comunicarle lo que había visto en su mano. Poco tiempo después, el quiromántico se sorprendió al ver que aquel signo de muerte no era tal, sino el anuncio de un cambio trascendental en la vida de su amiga que para ella iba a ser como un renacimiento. Efectivamente, no sólo se vio libre del hombre que en calidad de esposo la martirizaba en más de un sentido, sino que renunció a todo lo que un ser vivo puede renunciar para irse a *renacer* a otro país donde todo fue distinto para ella, empezando por el idioma. Naturalmente, el consultado tuvo ocasión de comprobar en la palma de la mano de su amiga que su gran cambio, su renacimiento, estaba perfectamente anunciado. Y él no había sabido verlo. La lección final de esta anecdótica historia hay que tenerla presente en todo momento. Tan importante es conocer los significados de cada característica de las manos, como comprobar en el contexto general la autenticidad de esos significados.

Así pues, algunas de las líneas menores que matizarán el significado de las principales son las que citamos a continuación. Además estudiaremos punto por punto el alcance de las dos primeras de ellas:

— amor;
— hijos;
— viajes;
— disgustos;

— enfermedades;

— procesos.

La línea del amor

La línea del amor se inicia en la base del meñique y va a tocar la línea del corazón y el monte de Mercurio para llegar al centro de la palma. Está compuesta, pues, por una serie de pequeñas líneas desordenadas.

Cuando existe una línea perfectamente definida, deberá considerarse como augurio de una feliz unión. Pero si se la ve curvada hasta señalar la parte que media entre los dedos meñique y anular, sólo significará que hay un matrimonio seguro.

Si la curvatura de este trazo se observa hacia el área central de la palma, el significado está relacionado con sufrimiento a causa de la muerte de la persona amada. Pero, cuidado, si se observa que al final la línea se bifurca, el significado será exclusivamente de ruptura, es decir, fracaso del matrimonio, o término del noviazgo.

Si se observa que en alguna parte hay una línea vertical que corta el trazo del amor, estará anunciando dificultades para el mantenimiento de la unión.

Finalmente, si se observara una estrella, una cruz o un punto oscuro en contacto con la línea del amor, deberá interpretarse como un anuncio de viudedad.

Cuando se observa que la línea del amor es doble, deberá considerarse una señal de inestabilidad en este aspecto de la vida del consultante; esta señal puede significar básicamente problemas debidos a infidelidad. Pero cuando la línea del amor se origina en el borde de la mano y alcanza el monte del Sol o de Apolo, el augurio se vuelve luminoso y refleja una unión satisfactoria y duradera.

La línea de los hijos

Se trata de una serie de líneas verticales localizadas por encima de la línea del amor. Si la persona carece de ellas, deberá entenderse, en principio, que no tendrá hijos, por la razón que fuere.

En la Antigüedad se consideraba que las líneas más largas correspondían a hijos varones. Lo cierto es que cada una de estas líneas representa un hijo que más sano será cuanto más recta sea la línea que anuncia su más o menos próxima existencia.

Otras líneas de interés

La línea de Mercurio

La línea de Mercurio es también conocida como línea de los presentimientos. Nace en las proximidades del monte de la Luna para dirigirse hacia el de

Mercurio, y está relacionada, cuando su trazo es firme, con los dones de la clarividencia y aptitud para ejercer de médium.

En cualquier caso, estará indicando la facultad del consultante para conocer a las personas por medio de un proceso inconsciente de presentimiento, lo que les permitiría saber cuánto pueden esperar de esas personas, así como conocer la disposición de sus sentimientos y de sus intenciones.

La línea de la Vía Láctea

Esta línea, también llamada *Vía Lasciva*, está constituida en realidad por varias rayas pequeñas que forman dos trazos paralelos más o menos entrecortados, sobre el monte de la Luna, cerca del borde exterior de la mano. Contra lo que pudiera pensarse, la existencia de esta línea señala una particular inclinación hacia el misticismo y el ocultismo. Así pues es indicativo el hecho de que suela llamársele también *la antena con el Más Allá*.

No obstante, si se encontrase una mala formación en esta línea, deberá considerarse como signo de que su poseedor está dominado por una gran sensualidad y se encuentra en disposición permanente para todo lo que signifique erotismo. Hay que decir también que esta línea siempre expresa considerables necesidades y exigencias en el aspecto sexual.

Los mensajes de las marcas secundarias

Las rascetas o líneas brazalete

Las *rascetas*, líneas que como medios brazaletes se aprecian en el área donde la muñeca se comunica con la palma, incluyen también su mensaje complementario. Para examinar estas peculiares marcas, los grandes maestros de la quiromancia han recomendado siempre que se empiece comparando la de una y otra muñeca. De esta manera, si los de la izquierda están más marcados que los de la derecha, deberá entenderse que el consultante hará siempre una vida activa. Si, por el contrario, las de la muñeca derecha son las más definidas, será indicativo de que el consultante podrá demostrar aptitudes para la organización, así como una poderosa autocrítica para obligarse a extraer la máxima enseñanza de sus errores.

Una combinación de tres rascetas o medios brazaletes debe interpretarse como anuncio de fortuna y salud a lo largo de toda la vida del individuo.

Si se observa que las líneas brazalete tienen forma eslabonada o encadenada, deberá entenderse que la persona sólo podrá alcanzar sus metas en la vida mediante un trabajo muy duro y constante, sujeto a numerosos obstáculos y caídas.

Las rascetas o líneas brazaletes son también reveladoras de muchas condiciones relacionadas con la formación de pareja. En síntesis, son una excelente clave del destino de un matrimonio o pareja de hecho. Así, si alguna línea se aparta del brazalete para señalar hacia Júpiter, debe interpretarse como augurio de buen matrimonio o, en cualquier caso, de una relación tan estable y satisfactoria que puede hacer que el consultante dé por satisfechas las necesidades de este aspecto de su vida y pueda consagrarse por entero a trabajar para lograr también todo lo relacionado con el aspecto económico.

Si la línea que se aparta del brazalete apunta hacia Saturno, será indicio de que la persona con la que formará pareja contará con muchos más años de edad.

Cuando la línea que despunta del brazalete señala hacia el sol, indica que las posibilidades amorosas estarán básicamente en el medio artístico, o tendrá todas las características de una relación brotada de la afinidad intelectual para llegar a la máxima satisfacción de índole corporal.

Cuando esta línea apunta hacia Mercurio, deberá entenderse que en la formación de la pareja existirán razones de carácter económico. Esto bien pudiera significar que será un matrimonio ventajoso, pero con el único interés del dinero; o bien que se trata de una unión que no se realiza por voluntad de la pareja sino a instancias de sus respectivas familias, o de la de uno sólo, con miras a establecer una alianza de carácter básicamente económico.

Para acabar, cuando la primera línea del brazalete se encuentra muy alta sobre el monte de Venus, denotará debilidad en la región genital del consultante.

Los signos flotantes

Independientemente de los montes, las depresiones y las líneas, existe una serie de marcas que, con frecuencia, son sumamente finas y requieren una observación aguda para ser notadas. Semejan y son llamadas estrellas, cruces, círculos, cuadrados, triángulos, cadenas, ramas, puntos, parrillas e islas, y cada una tiene su propio significado, con los matices que aún le imponga su ubicación.

A continuación mostraremos algunas de las que con más frecuencia encuentran los quirománticos, aunque, ciertamente, se trata de fenómenos que no se dan en todas las manos; ni siquiera en la mayoría. No obstante, a veces aparecen muchas en una sola palma. Veamos su significado.

Las estrellas

Son anuncio de sucesos fuera de lo normal y pueden resultar tanto positivos como negativos, dependiendo de la preparación y mentalización con que el consultante los enfrente.

En el monte de Júpiter, una estrella anuncia un suceso imprevisto que en el área laboral puede traducirse en éxito, en reconocimiento y en progreso.

Si la estrella se encuentra sobre el monte de Venus, deberá interpretarse como augurio positivo para la vida sentimental del individuo que la posee. Probablemente aludirá a un gran amor, o a una situación que traerá la felicidad a través de la persona amada. Pero si la estrella aparece en el borde del monte de Venus, el vaticinio es de amargura y profundo desconcierto, originado por la conducta de una persona muy amada.

Sobre el monte de Apolo, anuncia un triunfo tan espectacular como efímero.

En la línea de los hijos, anuncia una situación de peligro que, no obstante, puede ser resuelta oportunamente para evitar las nefastas consecuencias.

Cuando se observa que una de las puntas de la estrella corresponde a la línea del Sol, el augurio estará relacionado con el éxito en cualquier actividad o conexión de carácter artístico.

Situada sobre el monte de Mercurio, pronostica triunfo en las actividades comerciales, o la posibilidad de realizar excelentes negocios al llegar a la plena madurez mental, lo que suele ser pasada la frontera de los treinta años.

Si la estrella apareciera en el centro de la palma, formada por el entrecruzamiento de líneas de carácter principal y complementarias, deberá considerarse como vaticinio de un hecho o suceso muy afortunado en cualquier sentido. De hecho, esta es conocida como la *estrella de la buena suerte* y se la considera el mejor de los signos. Sin embargo, son muchos los quirománticos que jamás han visto una. Cuando aparece una estrella pequeña sobre el monte de Júpiter, también deberá considerarse como augurio de buena suerte, particularmente en juegos de azar o en cuestiones de salud.

La estrella que tiene alguna de sus partes compuesta por la línea de la vida alerta sobre una lesión que sufrirá el sujeto en la etapa de su vida correspondiente a la parte de la línea en que se encuentra la marca.

Cuando la estrella esté situada sobre la línea de la fortuna, deberá considerarse como un mal augurio en cualquier orden de la vida.

Si aparece sobre la línea de la intuición será señal de fracaso empresarial o enfermedad.

Las cruces

Este es el otro de los signos que se dan abundantemente. Sin embargo, sus implicaciones son de carácter negativo, relacionadas casi siempre con pérdidas e infortunios, excepto cuando están localizadas en el plano de Júpiter, pues en esta área de la mano pierden todo su influjo y significado.

Por el contrario, cuando en el monte de Júpiter no se encuentra ninguna cruz debe entenderse que el consultante tendrá que enfrentarse a un futuro carente de amor, imposibilitado por diversos problemas para encontrar pareja o para conservar la que tiene. Más aún, cuando una cruz irregular se encuentra en el monte de Venus, significa que habrá una angustiosa incompatibilidad entre los proyectos o las ambiciones del consultante y un gran amor o pasión.

Sobre el monte de la Luna son presagio de problemas con la persona amada a causa de la acción malintencionada de terceras personas.

Si llegara a encontrarse en el monte de Apolo una cruz encerrada en un cuadrado, deberá interpretarse como augurio de pobreza.

Una cruz localizada en el monte de Saturno, pero cruzando la línea de la fortuna, se traducirá en una tendencia a los accidentes en tren, autobús u otros medios de transporte público. Y cuando se halle sobre la misma línea de la fortuna, anunciará graves problemas que conducirán a los tribunales o, por lo menos, a serios desacuerdos de carácter legal.

Sobre el brazalete de la muñeca es pronóstico de dinero llegado por vías oscuras o controvertidas, por lo que dará lugar a muchos sinsabores.

Hallar la cruz en la línea del Sol es presagio de daños causados por medio de la maledicencia, de manera que el consultante estará amenazado por el ridículo, por la vergüenza o por el rechazo injusto de un grupo determinado de personas, o de cuantas se relacionan con él.

Los círculos

Tampoco son una figura frecuente en la palma de la mano, ni tienen un trazo regular.

Suelen ser minúsculos y lo mismo resultan nefastos (cuando aparecen sobre líneas principales) que muy positivos.

Si aparecen sobre el monte de Júpiter son garantía de éxito para las personas consagradas a la actividad política.

En cambio, sobre el monte de Apolo el éxito augurado es en el campo del arte.

En el monte de Saturno indican apertura de posibilidades en el terreno laboral, así como éxitos para los profesionales.

Si se hallan en el monte de Mercurio, actúan como contrapeso frente a cualquier pronóstico de pérdidas económicas.

Sobre el monte de Venus intervienen como compensadores entre los gozos y los sufrimientos que origina la pasión, confiriéndole características inolvidables.

Los cuadrados

Los cuadrados pueden estar compuestos por líneas secundarias o principales, pero no son figuras muy precisas (incluso pueden llegar a adoptar forma de rombo). Son símbolos de consuelo, verdaderas promesas de auxilio para momentos difíciles, aunque su significado pudiera resultar menos halagüeño si su ubicación no fuese buena.

Así, sobre el monte de Venus y en la proximidad de la línea de la vida, estará pronosticando problemas y obstáculos, cuya gravedad deberá establecerse mediante la interpretación de otras partes de la mano. Por el contrario, si el cuadrado aparece alejado del monte de Venus, será garantía de invalidación de cualquier presagio adverso que pueda haberse hallado en el plano de Venus.

Sobre el monte de Júpiter proporcionará el consuelo de una persona buena, y quizá posteriormente amada por el consultante, para superar los daños causados por una persona cruel o de temperamento sumamente orgulloso.

Descubrir un cuadrado sobre el monte de Apolo, significa que la persona tendrá la oportunidad de corregir o reparar errores y daños que por vanidad haya causado.

Tenerlo sobre el monte de Mercurio equivale a poseer un talismán protector, capaz de neutralizar cualquier signo que en otra parte de la mano augure muerte violenta.

Si se tiene el cuadrado sobre el monte de Marte, se contará con un escudo protector contra la envidia y contra los ataques disimulados contra su obra o sus proyectos, por parte de enemigos ocultos.

Situado sobre el monte de la Luna, es una promesa de que podrán corregirse los errores que se cometan en relación con la administración de dinero, tanto en lo personal como en lo laboral, si es que el sujeto está a cargo de la dirección de una empresa comercial o industrial que resulte afectada por sus decisiones.

Pero, si el cuadrado se halla sobre la línea de la fortuna, actuará como protector ante el pronóstico que en otra parte de la mano hubiera podido anunciar pérdida de dinero por robo o por descuido.

Si el cuadrado aparece uniendo la línea del corazón con otra línea, deberá interpretarse como vaticinio de una súbita aparición del amor en la vida del consultante.

Los triángulos

El triángulo es la figura geométrica más común en la palma de la mano de todo el mundo, lo cual es un es un hecho afortunado, pues son augurio de éxito en tareas relacionadas con el trato social y con todo cuanto esté relacionado con el lenguaje oral y el arte de convencer y comunicar.

Si el triángulo se encuentra sobre el monte de Venus, estará señalando a una personalidad vigorosa, dueña de sí, bien dirigida hacia el éxito.

Cuando se encuentra en el monte de Saturno, indica que el sujeto posee temperamento y dotes para el estudio y la práctica de las ciencias ocultas, aunque también es indicio de que este alienta particular ilusión por obtener el éxito por el camino del menor esfuerzo personal posible.

Si se halla sobre el monte de Mercurio deberá interpretarse como excelente presagio para todo lo relacionado con el comercio, las actividades financieras, los juegos de azar y, en el polo opuesto, la investigación científica.

Si se encuentra en el monte de Marte de un hombre, el triángulo estará relacionado con las armas y su uso, dependiendo de las implicaciones halladas en otras partes de la mano que signifiquen peligro de resultar herido, o disposición para la vida militar o para la protección de las instituciones. Y todavía sobre el monte de Marte, pero en mano de una mujer, señalará una vigorosa inclinación a la soledad y a la meditación, así como a vivir en comunas o en conventos.

Cuando el triángulo aparece al final de la línea de la vida, es indicio de que el consultante tiene una marcada tendencia a hablar mal de los demás, elaborando sin cesar una crítica perpetua y aprovechándose del conocimiento de las intimidades ajenas para beneficio propio o para disfrute de quienes gusten escucharlo.

Las cadenas

Son líneas fáciles de reconocer porque se entrelazan formando figuras semejantes a los eslabones de una cadena. Sin embargo, no son muy abundantes ni deseables. En términos generales, sirven para subrayar lo negativo, aumentando su potencia. Incluso cuando aparecen en la proximidad de un buen vaticinio, lo que hacen es retrasar y dificultar su realización.

Las ramas

Se llama así a las líneas secundarias que se apartan de las principales a la manera de las ramas de un árbol. Cuando lo hacen hacia arriba, subrayan lo positivo; y si apuntan abajo, subrayan lo negativo, aunque sus posibilidades son un poco más amplias. Por ejemplo, ramas entre los planos de Júpiter y Saturno son augurio de una vida alegre, tranquila, repleta de los «pequeños grandes placeres» que dan la felicidad de las almas sencillas.

En el monte de Mercurio son también muy bienvenidas, ya que implican el hallazgo de pareja en términos muy alentadores en lo económico. Asimismo aluden a la posibilidad de una combinación o alianza con un superior en el trabajo, que se le traduciría al consultante en progreso pecuniario.

Las que señalan hacia el monte de la Luna, indican la tendencia del consultante a la mitomanía, a la mentira habitual, condición que acabará minando sus mejores proyectos.

Cuando parten de la línea de la cabeza hacia el monte de Mercurio, denotan un vehemente afán de aceptación y reconocimiento sociales, por el cual el consultante haría cualquier sacrificio, empezando por el de sus escrúpulos, lo que le acarreará la censura de sus allegados.

Los puntos

Estos signos quirománticos tampoco son demasiado frecuentes. Cuando se les encuentra en una mano se muestran como una minúscula depresión de tono más oscuro en los puntos donde las líneas se entrecruzan, o bien aparecen como marcas de tono más vivo en cualquier punto de la palma. En general están relacionados con enfermedades, problemas emocionales o mentales, o heridas.

Si se hallan sobre el monte de Mercurio, anunciarán litigios o problemas legales. Si cerca de este punto se encuentra una estrella, el augurio será ruinoso para el consultante. Por el contrario, no hay peligro cuando cerca del punto se encuentra un cuadrado, pues este anula la mala influencia.

Si se encuentra sobre el monte de la Luna, el punto será una advertencia contra el hábito de soñar despierto y vivir en un mundo de ilusiones, descuidando la realidad.

Si el punto se encuentra sobre la línea de la cabeza, será augurio de daños o problemas considerables causados por el estrés, al igual que si el punto se encuentra encima de la línea de la intuición.

Las parrillas

Son las formaciones que más fácilmente se localizan en la extensión de la palma, ya que surgen a partir del entrecruzamiento de varias líneas.

Localizada la parrilla sobre el monte de Venus, demuestra que el consultante se entrega a inclinaciones narcisistas que restan seriedad a su personalidad y le afectan en diversos aspectos, particularmente en el área del trabajo.

Situada en el monte de Júpiter, indicará menosprecio por las artes y las disciplinas intelectuales y humanistas.

Si está en el monte de Apolo, revelará un temperamento sumamente vanidoso, siempre dispuesto a exagerar cualquier mérito propio.

En el monte de Mercurio manifestará que la persona mantiene una conducta infantil, sujeta a cambios de humor imprevisibles, así como una volubilidad desconcertante.

Sobre el monte de la Luna, la parrilla determinará un ánimo medroso, indeciso, pasivo y dado al abandono de todo lo que implique lucha, empuje, determinación.

Las islas

Son pequeñas agrupaciones de líneas que dan lugar a diversas formas que no pueden definirse como cuadrados, triángulos o círculos. Se les considera en estrecha relación con la salud física, pero también tienen otras cualidades.

En el monte de Venus auguran una excelente condición física a través del ejercicio, que es magnífica ya que posibilita una apasionada relación sexual.

En el monte de Júpiter las islas delatan la falta de ambición y de espíritu de lucha, y marcan el rumbo hacia el fracaso permanente.

Sobre el monte de Mercurio señalan el peligro de rechazo a que se expone quien no sabe ocultar ni controlar su desconfianza. Se trata de personas que no saben negar algo sin herir la dignidad de los demás, lo que acaba volviéndose contra ellos.

Situada en el monte de Marte dará potencia a los rencores, llevando los problemas hasta el punto de la ruptura definitiva con los más allegados.

Sobre el monte de la Luna, invitará a potenciar la imaginación para alcanzar el éxito o la satisfacción ambicionada, lo cual equivale a abandonar los procedimientos establecidos y poner en juego otros recursos.

Si se encuentra sobre la línea del Sol, advierte sobre la inminente posibilidad de que se produzca un escándalo tras descubrirse un secreto íntimo del consultante.

Breviario astroquiromántico

Con el fin de facilitar al principiante la lectura de la mano, siempre con alguna referencia astrológica, proponemos este breviario de las principales enfermedades, estados de ánimo, debilidades, vicios, etc., con la descripción o la referencia de aquellas líneas y signos que indican su presencia en la mano. Una vez más se recomienda mucha prudencia al formular un juicio quiromántico. Recuerde el lector que ningún signo tiene un significado absoluto definitivo, sino que todos han de ser leídos e interpretados en relación con los demás: sólo es una indicación, una sugerencia para extraer del conjunto del panorama quiromántico un juicio amplio y clarificador de la naturaleza y de las posibilidades ligadas al destino del individuo sometido a examen.

Ulteriores indicaciones sobre los diferentes aspectos físicos y psíquicos relacionados con la mano hay que buscarlos a lo largo de lo tratado, allí donde se examinan con detalle los elementos que forman parte del «plan quirológico» de cada individuo. El lector atento podrá sacar de todo ello una cuidadosa «síntesis quirológica» de la mano sometida a su juicio.

Abulia

Astrología
Dominan Luna-Venus o Luna-Júpiter, Luna-Saturno. Marte es débil.

Quiromancia
Predominio de los signos de debilidad y de linfatismo. Mano blanda, sin vigor.

Accidentes

Astrología
No se pueden dar reglas fijas sobre la predisposición para los accidentes. En aquellos accidentes superados, aparece una buena configuración de Júpiter y Venus; mientras que en las muertes violentas aparecen en mala posición tres o cuatro planetas al mismo tiempo.

Quiromancia
Cruces, rejas y líneas sobre el plano de Marte, con líneas transversales que cortan la línea de la cabeza.

Adulterio

Astrología

Es fácil bajo los signos de Cáncer, Piscis y Géminis.
Planetas dominantes: Luna, Venus, Mercurio.

Quiromancia

La mayoría de los estudiosos siguen la línea de la quiromancia tradicional, pero están de acuerdo en acon-
sejar mucha precaución antes de emitir un juicio,
tanto por la delicadeza del argumento como porque
puede tratarse no de verdadero adulterio sino de una
predisposición al adulterio moral, tendencia que está
muy difundida. Incluso puede suceder que una lucha
larga e intensa contra los deseos inmorales llegue a
inscribirse en la palma de la mano como si el adulterio hubiese sido consumado.

• Los adulterios (consumados o deseados) pueden ponerse de manifiesto con islas, tanto sobre la
línea del destino como sobre la del Sol, o sobre el
monte de Mercurio o el de Venus.

• Una isla sobre una bonita línea de Saturno indica fortuna y éxito gracias al adulterio.

• Si la isla está mal formada quiere decir que el
adulterio traerá disgustos. Y lo mismo se puede decir si aparece sobre la línea solar.

• Es muy incierto el presagio de fama debida a
adulterio que se revelaría por una gran isla sobre el
monte de Apolo.

• Una unión infeliz queda reflejada por muchas islas largas que atestiguan la presencia de deseos de adulterio.

• Si la isla tiene dos ramas que se unen hacia el final de la vida, tendremos la regularización de la unión.

Veamos los diferentes tipos astrales en relación con el adulterio: el tipo saturnal es grave, tiene el sentido del honor demasiado desarrollado para dejarse llevar fácilmente al adulterio; el tipo de Júpiter puede, por el contrario ser adúltero, sin ninguna crisis moral o remordimiento aun amando a su cónyuge; el tipo marciano será adúltero sólo en algunos periodos y entonces dominado por una pasión avasalladora; el tipo lunar es demasiado blando y pasivo para turbar su existencia con aventuras extraconyugales, pero si es engañado puede vengarse más que un tipo marciano; los únicos que pueden ser adúlteros por vicio son los tipos venusianos y mercuriales.

Alcoholismo

Astrología
Saturno, Cáncer y Piscis favorecen mucho la predisposición al alcoholismo.

Quiromancia
Encontramos una línea de la vida azulada y superficial (envenenamiento de la sangre). A menudo

encontramos una estrella sobre la línea de la cabeza (reblandecimiento cerebral); la falange ungulada del pulgar es corta (demuestra violencia y abulia).

Ambición

Astrología
Predominio de Saturno, Sol y Venus.

Quiromancia
La ambición la pone de manifiesto el monte de Júpiter.

Cuando este es normal, será un sentimiento noble, la ambición del que quiere llegar al éxito por sus propios méritos y su trabajo; si el monte está demasiado desarrollado, tendremos el deseo de sobresalir; si falta o está hundido, el individuo carecerá de dignidad; si el monte se dirige hacia Saturno, indicará el deseo de alcanzar el éxito sólo con la inteligencia.

Otro signo de ambición nos lo da el índice: si es puntiagudo, la ambición será desordenada y muy difícil de realizar, precisamente porque el individuo no tiene ideas claras y actúa de forma caótica; si el índice es espatulado y corto, la ambición será un sentimiento violento; si es excesivamente largo, la ambición será despótica; si es nudoso, la ambición estará frenada por la razón.

Amor

Astrología

Luna, Venus y Marte son los planetas principales que presiden los amores y las pasiones; Saturno, que es el que indica fidelidad, contribuye a hacer duraderos los sentimientos.

Quiromancia

Aunque la afirmación puede parecer un tanto extraña, el amor místico tiene las mismas características que el amor sexual.

Según tradiciones hindúes muy antiguas, las líneas verticales sobre el monte de Venus indican las influencias sentimentales importantes que el individuo ha recibido. Si una de estas verticales comienza en lo alto y toca la línea de la vida, el significado es el de un amor de juventud que ha traído consigo muchos dolores; pero si las ramas bajan hacia la vital, estos dolores serán esporádicos. Si luego la línea se separa de la vital, ello significará que habrá una rotura con el ser querido.

Una isla sobre la línea de la vida indica una amenaza de escándalo. Si la línea vertical se une a la línea de la vida de manera transversal y camina en unión con esta a lo largo de una parte de la superficie de la mano, el amor se transformará en odio.

La naturaleza de la sensualidad de un individuo depende del motivo planetario. Veamos lo que dice en relación con este punto Gouchon:

Sol

El tipo solar anhela un ideal tan elevado que nunca puede ser satisfecho. Para este tipo el amor es en primer lugar un sentimiento, prescindiendo de las eventuales relaciones físicas que pueden presentarse más tarde.

Por la superioridad natural del tipo solar le es muy difícil encontrar una pareja a su altura y por eso se dirige hacia el tipo lunar que constituye para él un complemento pasivo. El solar no es voluble, desea un afecto único, fuerte e indestructible.

Luna

El tipo lunar es pasivo, ya que sólo la imaginación suscita los deseos fuertemente. Aprecia la dulzura y se deja sugestionar por el prestigio. Es necesario que el compañero sea un ser superior, capaz de protegerlo y de alejarlo de las preocupaciones materiales. Es el complemento perfecto del tipo solar.

Marte

Apetito violento y poderoso. Desea una satisfacción inmediata, muchas veces es brutal. Para él, el amor no es un arte sino un pasatiempo. Aprecia las victorias rápidas e inesperadas. A menudo presenta tendencia al sadismo.

Mercurio

Deseo de curiosidad y de seducción por amor al enredo más que por deseo sexual. En los tipos inferiores: cálculo, aventuras, uniones, necesidad de compañía más para aprovecharse que por pasión.

Júpiter
Amor a los placeres sensuales por una necesidad fisiológica poderosa; vida sexual normal, sencilla.

Venus
Atracción que sobrepasa el aspecto sexual, pero con predominio de una necesidad de ternura sentimental y devoción. El venusiano es capaz de escándalo o de delito pasional; si el influjo es nefasto se dan toda clase de anormalidades sexuales.

Saturno
Exageración de abstinencia o de placeres morbosos. El cerebro domina siempre la situación. El amor y el placer son transportados al campo filosófico o intelectual.

Apendicitis

Astrología
Mala influencia de la Luna y de Mercurio.

Quiromancia
Evidente la línea de Mercurio con islas. El plano de Marte aparece cortado por líneas y mal hecho. Sobre el monte de Marte hay grandes islas.

Apoplejía

Quiromancia

Las líneas, en general, son anchas o profundas (muerte violenta) y muy rojas (exceso de sangre). Se nota la línea del corazón con forma de cadena (mala circulación), unida con la línea de la cabeza (muerte violenta). Pequeñas líneas verticales sobre el monte de Saturno.

Aptitudes diversas

Astrología

Según el tipo de aptitud, predominarán unos u otros signos astrológicos:

• Aptitudes intelectuales: predominio de los signos de Mercurio.
• Aptitudes artísticas: Venus y Mercurio poderosos.
• Aptitudes administrativas: Júpiter y Saturno.
• Aptitudes comerciales: Mercurio poderoso en Géminis.
• Aptitudes militares: predominio de Marte.
• Agricultura: importancia de todos los signos de la Tierra.
• Trabajos manuales: dominio de Marte, Saturno y Luna.
• Aptitudes para las matemáticas y la música: posición favorable de Géminis con el Sol, Mercurio o Ve-

nus, y de Libra con el Sol, Venus o Mercurio y Saturno.

Quiromancia

La quiromancia, siguiendo a la astrología, establece vocaciones genéricas en relación con los planetas y con la base del tipo planetario:

• Los solares forman los capitanes y los candidatos a las profesiones liberales.

• Los lunares: viajeros, poetas, marineros, pescadores y todas las profesiones que tienen que ver con el agua.

• Los jupiterinos: magistrados, sacerdotes, políticos, banqueros.

• Los marcianos: guerreros, cirujanos, carniceros, herreros y gente que utiliza la fuerza física.

• Los venusianos: artistas, joyeros, perfumistas, danzarines.

• Los saturnales: monjes, teólogos, agricultores, mineros, oculistas, científicos.

• Las aptitudes artísticas son puestas de relieve por una línea solar bonita, a menudo terminada en forma de horca, por un buen anillo de Venus y por el dedo anular y el medio mucho más largos que el índice. La línea de la cabeza es muy larga y llena de arabescos.

• Las aptitudes comerciales están reveladas de manera clara por una excelente influencia de Mercurio (meñique y línea hepática o de la intuición).

Siguiendo las indicaciones de Jagot, las cualidades visibles en una mano se pueden resumir de la siguiente manera:

- Mercurio, Luna: éxito en las letras.
- Mercurio, Venus, Júpiter: éxito en el teatro.
- Venus, Sol, Júpiter: éxito en el canto.
- Júpiter, Sol Venus: éxito en la música.
- Saturno, Mercurio, Sol: éxito en las ciencias exactas.
- Mercurio, Júpiter: éxito en las finanzas,
- Mercurio, Marte, Saturno: éxito en la medicina.
- Sol, Júpiter, Mercurio: éxito en la política.

Arribismo

Astrología
Aries, Géminis, Leo, Escorpión, Libra y Capricornio.

Quiromancia
El pulgar es fuerte pero suave; el índice y el anular son muy largos. La línea de la cabeza grande.

Arteriosclerosis

Astrología
Es incierta la valoración de las posiciones de los astros.

Anular con muchas estrías, mano un tanto hinchada. La línea del corazón presenta una horca. Fondo de líneas amarillo claro.

Artritis

Astrología

Es una enfermedad muy probable durante las perturbaciones de algunos planetas como Júpiter y Venus, y de la Luna.

Quiromancia

Los dedos son poco ágiles. La línea del corazón muestra una horca muy grande y aparecen ramas que atraviesan la línea de la vida replegándose sobre el plano de Marte. Predominio del monte de Júpiter y del de la Luna.

Asma

Astrología

Esta enfermedad se determina cuando Júpiter, la Luna y Mercurio se encuentran en mala posición.

Quiromancia

Uñas recubiertas por pielecitas blancuzcas. La mano presenta numerosas líneas. Una horca sobre la línea del corazón, una isla pálida cerca de la línea de la cabeza.

Asesinato

Astrología
Numerosas disonancias entre los planetas de influencia maléfica y entre estos y los luminares.

Quiromancia
En el delito premeditado la línea de la cabeza sube hacia Mercurio, de manera especial si el móvil del delito es el robo, o hacia la línea del corazón, que se presenta retorcida. Algunas veces esta última falta por completo. Para el delito pasional se nota una cruz sobre el monte de Saturno. La línea del corazón es buena pero la mano vulgar.

Avaricia

Astrología
Saturno es el planeta que domina con su influencia, en colaboración con Júpiter y Marte.

Quiromancia
Línea de Saturno mal formada y en dirección a Mercurio. Pulgar encorvado.

Bondad

Astrología

Predominio de Júpiter y de la Luna; Júpiter y Venus o Venus y Luna son las parejas de planetas que, estando en buena posición, favorecen este sentimiento.

Quiromancia

La primera característica nos la da la piel de la mano, lisa y delicada. La línea del corazón es larga, bien formada y con pocas ramificaciones. La segunda falange del pulgar es larga. La línea del corazón doble indica mucha devoción, tanto en el amor como en la amistad. Por el contrario, una línea del corazón delgada y fina denota frialdad.

Carácter

Astrología

Es muy significativa la síntesis de las diferentes «dominantes» astrológicas del carácter que ha elaborado Gouchon y que se muestran seguidamente.

Aries

Favorece la propensión a concebir, renovar, reformar, conducir. Determina la independencia, la vivacidad, el entusiasmo, el desorden, la falta de medida, la suficiencia, las ideas inoportunas o excesivas.

Tauro
Induce a la laboriosidad, a producir, a conservar y a aumentar, al positivismo, a la obstinación silenciosa; inteligencia primitiva, simplicidad.

Géminis
Predispone a la cultura intelectual, a la ideología completa, a la búsqueda del conocimiento, a examinar, a observar, a comparar y valorar; da origen más a una acumulación de nociones que a su utilización.

Leo
Lleva a la creación de lo perfecto, de lo precioso, a la elaboración de síntesis amplias, de doctrinas, de sistemas.

Virgo
Como Géminis, pero agudiza el sentido crítico, la precisión y la habilidad. Ayuda al desarrollo de las aptitudes organizadoras y realizadoras.

Libra
Favorece el tacto, la sensibilidad y el gusto.

Escorpión
Tiende a conferir una actividad frenética y exalta el instinto y la capacidad de iniciativa.

Sagitario
Fomenta el individuo ordenado y doctrinal.

Capricornio
Determina el hombre austero, infatigable en el estudio y en el trabajo.

Acuario
Predispone a los individualistas y a los que lucharán para imponerse en el campo de las artes y en lo social.

Piscis
Desarrolla el hombre sereno, moderado, llevado a la interioridad.

Quiromancia
La determinación del carácter por el examen de la mano ya ha sido tratada en las partes anteriores de esta obra.

Celos

Astrología
Fuerte influencia del signo de Tauro, Neptuno, Urano y Saturno.

Quiromancia
Pulgar grueso; monte de la Luna estriado; línea del corazón que corta toda la mano; una línea especial arranca del monte de Marte y se dirige hacia el índice y el medio. Anillo de Venus mal configurado.

Celebridad

Astrología

Las combinaciones más favorables son las de Sol y Júpiter, Sol y Marte, Sol y Mercurio, Júpiter y Marte, Júpiter y Mercurio.

Quiromancia

Es preciso observar si entre las líneas solares, mercuriana y saturnina hay por lo menos una de ellas perfecta y en armonía con las otras. El dedo anular es delgado y fuerte; el pulgar es movible, fuerte y largo. La línea de la vida debe presentar un color más acentuado que las otras.

Cerebro

Astrología

Dominan Saturno y Mercurio, Sol y Mercurio, Sol y Saturno.

Quiromancia

Es claramente visible una línea de la cabeza muy bonita, cosa rara y que poseen sólo las personas dotadas de un cerebro excelente. Por el contrario, un cerebro en mal estado se reconoce por las siguientes características: pulgar con la primera falange corta y débil (abulia); línea de la cabeza en forma de cadena, cortada, con islas, puntos y descendente; uñas mordidas y débiles (nerviosismo); monte de la Luna grueso con reja; monte de Venus aplanado; anillo de Venus mal formado, doble o triple.

Ciencias ocultas

Quiromancia
En general se distingue un buen triángulo formado por las líneas de Mercurio, la línea de la vida y la línea de la cabeza; Cruz en el cuadrángulo y debajo de Saturno (misticismo); dedo medio con la segunda falange larga, los otros dedos lisos (amor por las cosas ocultas). Es preciso que se presente por lo menos una parte de la línea de Mercurio, mejor aún si esta es perfecta (amor por las cosas ocultas). La línea del corazón llega a rodear el índice formando el llamado *anillo de Salomón*. Bueno el monte lunar.

Circulación defectuosa

Astrología
Los signos de Leo, Acuario, Aries y Libra, los planetas Sol, Júpiter, Venus y Urano están mal dispuestos.

Quiromancia
Una mano amarillenta en la parte interna de la palma o con una acentuada lividez revela desequilibrios de la circulación.

Crítico (sentido)

Astrología
Domina Mercurio, a menudo en disonancia con Marte o Urano.

Quiromancia
Índice y meñique largos o anchos; pulgar largo y ágil. Línea de la cabeza con un arco grande, al menos en una mano.

Crueldad

Astrología
Sol en Acuario. Disonancias entre Mercurio, Marte y Saturno.

Quiromancia
Desarrollo excesivo de la línea de la cabeza y de los montes de Marte y de Saturno.

Delicadeza

Astrología
Marte, Venus y Neptuno presentan mal aspecto. A menudo cuadratura de la Luna en unión de Mercurio y de Venus con Saturno.

Quiromancia

Islas sobre el monte de Venus, sobre el monte de Saturno y sobre el de Apolo. La Línea de la cabeza se dirige de forma clara hacia el monte de la Luna.

Deporte

Astrología

Buena posición entre Marte, Júpiter, Mercurio y Saturno. Sol poderoso.

Quiromancia

Buena línea de la salud; palma sólida, dura y caliente. Dedos espatulados, no cuadrados; mano dura y lisa. Línea del corazón excelente. Además, el pulgar debe ser grande y ágil; la línea de la cabeza sin horcas; las líneas mercurianas sin islas ni ramas transversales.

Despilfarro (tendencia)

Astrología

Sol, Marte, Júpiter, Aries.

Quiromancia

Anular y pulgar grandes, índice estriado. Línea solar rota y reanudada.

Despotismo

Astrología
Marte se presenta en mal aspecto al mismo tiempo que el Sol, Saturno y Urano.

Quiromancia
El pulgar es muy largo. Montes de Júpiter, Marte y Saturno excesivos. Línea de la cabeza muy grande. Nudos en los dedos.

Destino

Astrología
El destino está influenciado principalmente por el Cielo Medio y los planetas que en él se encuentran. En el lenguaje astrológico se suele decir: destino regido por Júpiter, por Venus, etc., cuando el Cielo Medio ocupa el domicilio de estos planetas. El planeta dominante es a menudo la señal más segura. En general puede decirse que el destino es favorable si dominan los planetas benéficos y si existen buenas relaciones entre los luminarios o los benéficos. El destino es malo cuando estos últimos están mal situados.

Quiromancia
Plano de Marte atormentado por cortes, cruces o rejas, indica de manera infalible una vida muy agitada.

Diplomacia

Astrología
Dominan Mercurio, Venus; o bien Júpiter y la Luna.

Quiromancia
Triángulos y cruces sobre Mercurio y Júpiter.

Disimulo

Astrología
Dominan Mercurio y Saturno, Saturno y Marte, Saturno y Luna.

Quiromancia
Son interesantes la línea del corazón y la de la cabeza reunidas, pero esta última presenta una horca. Si una rama se hunde en el monte de Mercurio, tiene un significado de perfidia, siempre que la mano no pertenezca a un intelectual. La línea de la vida está totalmente separada de la línea de la cabeza.

Egoísmo

Astrología
Júpiter y Venus bien relacionados con la Luna; Júpiter presenta un aspecto disonante con Saturno; Saturno y el Sol en mala posición.

Quiromancia

Encontramos dedos gruesos en la tercera falange; el pulgar se acerca siempre al índice. línea de la cabeza discreta en el canto de la mano. Dedos largos, espatulados y nudosos. El índice y el monte de Júpiter están desarrollados de forma particular.

Entusiasmo

Astrología

Marte, Sol y Júpiter bien dispuestos. Saturno es débil. Dominan Marte, el Sol o Júpiter.

Quiromancia

Algún monte presenta excesos. La línea de Saturno o la de Mercurio o la del Sol nacen en la línea de la vida; a veces las tres a un tiempo.

Epilepsia

Astrología

Parece que Mercurio y Capricornio con el Sol y Urano y la oposición de la Luna predisponen a la epilepsia.

Quiromancia

Mano rojiza con dedos rechonchos, uñas rojizas, líneas rojas y mal formadas.

Equilibrio

Astrología
Algunos opinan que Libra es el signo del equilibrio.

Quiromancia
Línea de la cabeza y del corazón paralelas. Monte de Júpiter con relieve adecuado. Línea de la vida larga. Línea de Mercurio larga y bien formada.

Estómago (disfunciones)

Astrología
Su funcionamiento depende en gran parte de los planetas situados en Cáncer, de la posición y de los aspectos de la Luna.

Quiromancia
Líneas amarillentas o rojizas. El plano de Marte es azulado. La línea del corazón a menudo presenta una horca y está atravesada por líneas verticales en proximidad de Saturno. Isla más o menos grande sobre la línea de la vida y la de Mercurio.

Excentricidad

Astrología
Urano en mala posición respecto a la Luna.

Quiromancia

Predominio de una línea de la cabeza grande. El índice y el anular son muy largos. Monte de la Luna surcado por signos difíciles de descifrar.

Fanatismo

Astrología

Numerosos planetas en Aries, de forma particular Marte, Sol y Neptuno o Urano disonantes.

Quiromancia

Dedos anular y medio más importantes que cualquier otro elemento. El monte de la Luna es excesivo o incluso a veces plano.

Fatalidad

Astrología

Se llama *zona de la fatalidad* a la parte situada 30 grados a la derecha y 30 a la izquierda del Cielo Medio.

Quiromancia

Una mano revela siempre un destino triste cuando presenta puntos, cruces o estrellas sobre Saturno. Línea del corazón corta. Meñique retorcido. Línea de Mercurio con muchas islas. Línea de Saturno que arranca del fondo de la mano.

Fortuna

Astrología
Dominan Sol y Júpiter, Júpiter y Venus, Júpiter y Luna, Sol y Luna, Venus y Sol, Venus y Luna.

Quiromancia
Una estrella sobre Júpiter. Pequeñas líneas claras que bajan sobre los montes de Saturno, de Júpiter y del Sol. Desde la vital arranca una rama que se dirige hacia Júpiter, en Venus, o hacia la línea de la cabeza. Otras ramas de la línea de la vida se dirigen hacia diferentes montes. A menudo la línea de la cabeza es doble; además, una rama puede reunir la línea de la cabeza con una estrella sobre Júpiter. Pequeña cruz al final de la línea de la cabeza. La línea del corazón o bien una de sus ramas alcanza el monte de Júpiter. Una rama de la línea del corazón que se dirige hacia Mercurio pronostica una ocasión de hacer fortuna.

Indican también fortuna todas las ramas y las horcas que se encuentran sobre la línea del corazón, y una línea del destino recta y sin impedimentos. Buena línea solar.

Genio

Astrología
Signos favorables: buena posición de Urano con la Luna y Mercurio.

Quiromancia

Muy buenas las líneas de la cabeza, la del Sol y la de la vida. Por lo menos una de las tres debe ser perfecta. Monte de Mercurio y monte de la Luna con ramas ascendentes.

Gloria

Astrología

Es significativa la buena posición de Marte, del Sol y de Saturno.

Quiromancia

Las líneas de Mercurio, de Saturno y del Sol son largas y evidentes, aunque no perfectas.

Hígado (enfermedades)

Astrología

Influencia de Júpiter; una mala posición de este planeta siempre es un mal presagio, así como un mal aspecto de Saturno y de la Luna.

Quiromancia

Predominan las líneas amarillentas. La línea del corazón presenta una horca y es más amarillenta que las otras. Las terceras falanges de los dedos son más largas que de costumbre. Un mal presagio lo constituye la unión de la línea del corazón con la de la cabeza. A menudo el dedo medio es largo, y el plano de Marte y el monte de Júpiter están cuajados de rayas transversales.

Hijos

Astrología
Las uniones más prolíficas son las que se realizan bajo influencia de Venus y de la Luna.

Quiromancia
La tradición nos ha proporcionado numerosas reglas, pero ninguna se ha revelado infalible. Buenas probabilidades con respecto al número de los hijos parece ser que pueden proporcionarlas unas pequeñas líneas verticales que se encuentran sobre el monte de Mercurio y unas pequeñas líneas transversales sobre el pulgar.

Histeria

Astrología
Predominan de manera negativa la Luna y Mercurio.

Quiromancia
El monte de la Luna se presenta con una fosa muy grande sobre el canto de la mano. El pulgar es corto

y débil, lo que indica escasa voluntad. Línea del corazón con forma de horca (circulación defectuosa). Anillo de Venus mal configurado, doble o triple (sensualidad con desviaciones); mala línea de la cabeza.

Las uñas a menudo son cortas y están mordidas: esto indica, de manera evidente, nerviosismo. Además la mano es muy seca.

Ira

Astrología
El Sol en Tauro o en Aries presagia iras violentas; en Escorpión o en Leo, una ira fría; en Géminis una ira débil.

Quiromancia
Líneas muy rojas y pulgar hinchado en su falange ungulada. Además una mano demasiado larga es índice de mal carácter; una mano estrecha y larga indica carácter autoritario y difícil. Uñas puntiagudas y curvadas: maldad.

Las líneas y los signos tienen los siguientes significados. Plano de Marte muy rayado y alargado: insolencia, violencia. Monte de la Luna estriado: caprichos, irritabilidad. Línea de la vida azulada: iras violentas que pueden llegar hasta el delito. Línea de la vida de anchura desigual: humor variable. Línea del corazón roja: pasiones violentas.

Locura

Astrología

Es difícil establecer, de forma concisa, la situación de los astros que predisponen a la locura. Casi con seguridad se encuentran en mala posición Mercurio y la Luna.

Quiromancia

• La locura de tipo erótico se revela por un anillo de Venus malo, una línea de la cabeza mal formada, uñas cortas y a menudo mordidas; pulgar que puede ser corto aunque, más a menudo, es muy largo.

• La locura mística está puesta de manifiesto por una mano redonda y bien formada con hoyuelos, dedos largos y puntiagudos, uñas almendradas, piel azulada, anillo de Venus, monte de Júpiter muy grande, a menudo con una isla (alucinaciones), monte de Venus unido e hinchado o con muchos radios en lo alto y, por último, líneas delgadas (amor intelectual).

• Locura furiosa: mano blanda con numerosas líneas pálidas, monte de la Luna y de Júpiter muy estriados; línea de la cabeza descendente, con una horca y una rama que sube hacia Marte; pulgar grande; uñas anchas y cortas.

• Locura de grandeza: mano larga, redonda; dominan los montes de la Luna y de Júpiter; la línea de la cabeza es ancha y mal formada; línea solar bonita; monte de la Luna muy estriado; una rama de la línea de la vida, con una isla, corta la línea de la cabeza y sube hasta el monte de Apolo.

• Locura sanguinaria: mano larga y ancha, pulgar largo; la línea de la cabeza está mal formada y se dirige hacia el plano de Marte de manera brusca, las líneas son anchas y rojizas; monte de la Luna aplanado; línea del corazón corta y ancha; plano de Marte atormentado por muchas cruces; alguna vez cruces sobre Saturno o sobre el Sol.

• Locura despótica: mano larga y seca, o redonda o hinchada; terceras falanges largas; pulgar largo, dedos nudosos y gordos; monte de Venus estrecho y seco; Saturno con muchas rayas que arrancan de la línea de la vida cruzando por Júpiter; línea de la cabeza truncada; anillo de Venus muy marcado.

Psicosis
• Si tienen su origen en un traumatismo, cruz grande sobre el plano de Marte; línea cerebral cortada y muy descendente.

• En caso de enfermedades cerebrales debidas a lesiones difusas o circunscritas, la línea cerebral está cortada por islas y desciende en dirección a la lunar. A menudo la línea vital está truncada en la edad en que se produce la lesión.

• Por intoxicaciones agudas o crónicas: presencia de una línea que serpentea cruzando la vital o la cerebral; monte de la Luna muy accidentado; plano de Marte muy denso de pequeñas cruces casi invisibles.

• Demencia precoz: la naturaleza desciende de forma fuerte y rápida hacia la Luna, que lleva en su inicio una isla; plano de Marte atormentado.

Psicosis constitucional

• La constitución ciclotímica (oscilación irregular y frecuente del humor) es perceptible en unos planos de la Luna y Marte exagerados: pulgar pequeño, meñique un poco retorcido, palma blanda.

• La constitución emotiva melancólica afecta sobre todo a los saturnales: mano pequeña; Saturno es exaltado y atormentado; dedo medio largo; palma ancha; Venus plana y unida; Luna fuerte y con presencia de radios.

• La psicastenia (depresión psíquica) se revela en los montes: una cruz sobre la Luna, pero hacia la parte baja, revela fobia por el agua; una cruz en el principio de una línea de viaje, indica fobia por los cambios; una cruz sobre el dominio solar (monte y línea) en el cuadrángulo, significa miedo al fuego; finalmente, una isla sobre Saturno indica ansiedad por lo desconocido.

La constitución paranoica es muy interesante. Serieux y Capgras establecen una división que corresponde a los siete tipos planetarios en la exageración de sus instintos:

• Psicosis de la persecución: Comporta una mano melancólica pero con una Luna menos importante y Venus normal; dedos a menudo espatulados. Marte deprimido con plano rugoso. Cuadrángulo atormentado por cruces, estrellas y líneas (prueba de múltiples fobias); Júpiter con demasiado o poco relieve. Línea de la vida terminada en una cruz.

• Psicosis de celos o combativa, o locura marciana: monte y plano de Marte débiles pero estriados; Saturno resaltado. Uñas cortas y rojas; manos y líneas rojas; línea de la vida que declina de manera profunda.

• Megalomanía o locura jupiteriana: a menudo asociada con los elementos precedentes. Hay un predominio exagerado de Júpiter y Apolo. Índice muy largo; línea solar larga y profunda. Línea de la vida que baja desde el monte de la Luna, que se presenta con estrellas.

• Psicosis de la autoacusación o locura solar: línea mensual rica y línea de la vida terminada en una estrella.

• Hipocondría o locura mercuriana: Mercurio se presenta muy radiado, meñique largo y retorcido; línea cerebral descendente y paralela a la línea hepática o de la intuición.

• Erotomanía o locura venusiana: plano y monte de Marte muy desarrollados y unidos; Venus y la Luna exaltados, llenos de radios, de rejas y de estrellas. Línea del corazón roja, ancha, con horcas, en forma de cadena y que comienza debajo de Saturno. Numerosas islas. La línea de la vida es roja, tortuosa, con ramas capilares que se dirigen hacia Venus; uñas largas y rojas.

• Psicosis mística o social, o locura lunar: línea de la cabeza demasiado extendida hacia el monte de la Luna.

Lujuria

Astrología
Venus es siempre el planeta que preside el amor. El acoplamiento con la Luna puede determinar la lujuria.

Quiromancia
La tercera falange del índice y el monte de Venus están bien desarrollados; este último cortado por líneas a modo de reja.

Conviene hacer referencia a las líneas y signos más significativos.

Línea del corazón con forma de cadena; el anillo de Venus presenta una curva poco armoniosa y con muchas interrupciones; la línea de Venus con forma de rasceta, pulgar más bien corto. Puede aparecer, aunque no necesariamente, una cruz sobre el monte de Saturno y una línea de Mercurio con los radios que se dirigen hacia el monte de Apolo. Por último, la línea del corazón está a menudo cortada por pequeñas líneas; en este caso podemos tener una inversión sexual.

Matrimonio y uniones

Astrología

Para un matrimonio feliz, Venus ha de estar en conjunción con el Sol; para uno desgraciado, los planetas luminares deben estar en mala posición. Un matrimonio precoz está caracterizado por una buena posición entre el Sol, Marte y la Luna. Si la línea de Saturno o la línea lunar son poco armoniosas se tratará de un matrimonio tardío.

Quiromancia

La línea de la unión que se encuentra sobre el borde del monte de Mercurio debe ser bien marcada y recta. En tal caso quiere decir que el cónyuge será fiel. Si la línea muestra una forma eslabonada, puede presentarse la sospecha de infidelidad. Si la línea de Saturno y una de las tres ramas arrancan del monte de la Luna, el significado es bueno (un amor afortunado). Si el índice y el monte de Júpiter son débiles y el monte de Saturno está desarrollado, anunciarán que el individuo está predestinado a quedarse soltero.

Memoria

Astrología

Predomina la Luna en buena posición, sobre todo en unión de Saturno y de Mercurio.

Quiromancia

Monte de la Luna muy desarrollado. Muy bonita la línea solar.

Muerte

Astrología

No existen suficientes datos para establecerla con certeza, por lo que es inútil explayarse en detalles poco seguros.

Quiromancia

Se presenta la misma incertidumbre. De todas maneras, la tradición nos ha enseñado algunas indicaciones generales:

• Las muertes por accidente pueden señalarse por la rotura de la línea de la vida en ambas manos sin que ni tan siquiera una línea secundaria pueda hacer entrever una continuación. La línea del corazón debe estar unida a la de la vida, que puede cortar la línea de la cabeza debajo de Saturno.

• Si se trata de muerte por uremia, faltará completamente la línea del corazón y el monte de la Luna estará mal dibujado, con líneas mal trazadas, además de presentar alguna cruz sobre la línea de la cabeza.

• Una estrella sobre la línea de Venus indica muerte por enfermedad venérea.

- Las rejas sobre la Luna advierten de un peligro de morir ahogado y, en la mujer, de un parto peligroso.
- El pulgar corto y la estrella sobre Saturno, unidos a una línea de la cabeza, muy corta, que se dirige hacia abajo, indican suicidio o manía suicida.

Obstinación

Astrología
Fuerte influencia de Escorpión.

Quiromancia
Pulgar exagerado (personalidad excesiva); dedos espatulados y nudosos, línea de la cabeza grande, recta y fuerte.

Orgullo

Astrología
Dominan de manera negativa Júpiter en disonancia Júpiter y Sol; Sol y Saturno, Sol y Marte, Júpiter y Marte.

Quiromancia
Si el índice es recto y largo, será un orgullo unido a nobleza de corazón. Pero si el índice es demasiado largo, se traducirá en despotismo. Cuando

la tercera falange es muy gruesa y larga, reflejará deseo de honores. Si el dedo medio es muy largo, representará un orgullo que sabe disimularse y si el anular es largo, significará la búsqueda afanosa de honores.

Palpitaciones

Astrología
Urano y Marte en Leo.

Quiromancia
La línea del corazón es rojiza con las puntas de color azul.

Línea de Mercurio doble y rota.

Monte de Apolo con reja.

Pensamiento

Astrología
Predominio de Saturno.

Quiromancia
Líneas de Saturno y del Sol excelentes.

La línea de la cabeza aparece marcada (incluso puede presentar algún corte) y a menudo está bifurcada.

Pereza (física y moral)

Astrología
Dominan, en disonancia, Luna-Venus, Luna-Júpiter, Luna-Saturno; Marte débil.

Quiromancia
Manos blandas. Falta el monte de Marte.

Prodigalidad

Astrología
Dominan Sol y Júpiter, Júpiter y Luna, Júpiter y Venus, Sagitario, Piscis, Virgo, Leo.

Quiromancia
Pulgar doblado hacia atrás.

Marte muy desarrollado y anillo de Venus bien hecho.

La línea del corazón es larga y presenta algunas ramificaciones.

Prostitución

Astrología
Siempre es la Luna la que predomina con influjo nefasto.

Quiromancia

Monte de Venus estriado por muchas líneas; monte
de la Luna con varias islas; monte de Mercurio bastante evidente. El dedo meñique es discretamente
largo y mal formado.

Reuma

Astrología

Mercurio y Sol.

Quiromancia

La línea de la cabeza está formada por una horca
con puntos, islas y estrellas sobre el monte de la
Luna. Líneas amarillentas. Si los reumatismos son
de carácter tuberculoso, la mano aparecerá muy ra-
diada, con estrellas sobre Saturno.

Suicidio

Astrología

Posición de fuerte disonancia de los planetas.

Quiromancia

La manía suicida tiene su origen en la neurastenia o
en los desequilibrios nerviosos, cuyas características
son: línea de la cabeza muy descendente; dedo medio
con la extremidad larga y pulgar débil. El monte de

Saturno presenta cruces, radios o rejas; a veces falta la línea de la cabeza o está unida a la del corazón y a menudo separada de la línea de la vida.

Superstición

Astrología
Dominan Neptuno, Luna y Urano, Luna y Venus.

Quiromancia
Pequeños triángulos sobre la Luna y sobre Saturno.

Temperamento

Astrología
Se llama *temperamento* al conjunto biológico y dinámico del individuo. Un individuo puede ser: bilioso, atrabiliario, sanguíneo o linfático, según el elemento que predomine en su constitución. En el horóscopo el temperamento es indicado por la repartición de los planetas y por el ascendente en los cuatro elementos (fuego, tierra, aire, agua). Corresponde al fuego el temperamento bilioso; a la tierra el temperamento atrabiliario (llamado por algunos nervioso); al aire, el temperamento sanguíneo; al agua, el temperamento linfático. El horóscopo astrológico, si es técnicamente perfecto puede aclarar mu-

chos puntos sobre el estado anatómico y fisiológico del individuo. Así pues, se pueden tipificar los individuos según los elementos astrológicos de la siguiente manera, teniendo en cuenta los cuatro temperamentos fundamentales:

Simpáticotónico (hipersimpaticotónico, predominio bilioso)
Revela una tendencia permanente a los desórdenes que influyen en la vida. La piel es seca, sufre de taquicardia, de hipertensión arterial, de dolores periocardiacos de carácter agónico; digestión difícil, neuralgias, calambres, dolores. Desorden de forma episódica en el sistema nervioso: crisis paroxísticas que caracterizan un desequilibrio y que se presentan en intervalos muy variables y originan la exteriorización más o menos fuerte del síndrome. Este desequilibrio corresponde a un predominio del elemento fuego. Además Marte, Sol y Mercurio están en signos de fuego o de tierra de mal aspecto.

Vagotónico (linfático)
Molestias digestivas y de la nutrición, náuseas, sensaciones de tensión o de peso en el epigastrio en la base del tórax (bolo histérico), frecuentes vómitos, estreñimiento espasmódico, hipersecreción salival, tendencia a la adiposidad y a la hipertrofia del tejido linfoide. Molestias cardiacas y circulatorias. Inestabilidad cardiovascular, arritmia, bradicardia, circulación periférica defectuosa, es-

tasis (estancamiento) venosa. Crisis de vasodilata-
ción (rojez de la cara y del pecho), hipotensión;
piel y extremidades frías. Molestias respiratorias,
sensación de desfallecimiento, asma. Depresión
física y mental, cansancio fácil.

Los signos astrológicos de desequilibrio vagotónico son: Venus, Luna, Mercurio, signos de agua o
de tierra. Predomino del elemento agua.

Neurotónico complejo (colérico)
Inestabilidad y variabilidad de la función de los diferentes aparatos. Molestias funcionales de la digestión, circulación caracterizada por una inestabilidad
cardiaca y vasomotora. Molestias del metabolismo;
adelgazamiento y engorde rápido. Molestias generales: dolores y neuralgias. Pesimismo que hace exagerar los síntomas. Fenómenos neurasténicos.

Los signos astrológicos de la tendencia hacia este
desequilibrio son: Saturno y Mercurio en signo de
tierra, disonantes entre sí. Predominio del signo
tierra.

Neurotónico alternante (sanguíneo)
Oscilación entre el estado de hipersimpaticotonía y
el de hipervagotonía alternante.

Los signos que indican la predisposición a estos
desequilibrios son: Júpiter y Venus en signo de aire
y en mal aspecto. Predominio del signo aire. En general en estos desequilibrios organovegetativos se
determina el influjo de Júpiter mal colocado. Las

anomalías que interesan a estos tres cuerpos siderales, de manera especial cuando se presenta una rotura del equilibrio de los elementos (fuego, tierra, aire, agua) tienen que orientar hacia la búsqueda de estas situaciones.

Timidez

Astrología
Este carácter es debido a Cáncer.

Quiromancia
Se nota un pulgar corto mientras que los otros dedos son más bien largos y nudosos.

Tuberculosis

Astrología
Faltan elementos seguros.

Quiromancia
Se nota una cruz sobre Marte. La línea de la cabeza tiene una horca; el anillo de Venus es fácil de ver. Además, las líneas de la cabeza y de la vida están unidas y llevan, en una isla, unas líneas rojas o rosa pálidas. Las uñas curvadas grisáceas, la mano larga, seca y recta. Cuando la tuberculosis se ha declarado, la línea de la vida presenta islas y la mano está

húmeda. Los marcianos, en este caso, tienen unas rayas sobre el monte de Marte. Los venusianos, los lunares y los saturnales sufren difícilmente de hemóptisis (expectoración de sangre), pero mueren con facilidad. La línea se presenta capilar si la tuberculosis está en su tercer grado. Los niños atacados por formas hereditarias tienen manos transparentes con venas azulado-violáceas. La tuberculosis ósea da a la mano un color céreo, la uña del índice se vuelve oscura, mientras que los dedos se hinchan.

Utopía

Astrología
Dominan Luna, Urano, Neptuno, Mercurio; Marte débil.

Quiromancia
Mano larga, delgada, nudosa, aplanada, con numerosas líneas. La línea de la cabeza es larga y recta; la del corazón fina y recta; el monte de Venus estrecho y aplanado; el plano de Marte está atormentado. El pulgar débil y largo; los otros dedos son largos en la base.

Valor

Astrología
En posición destacada Marte y Júpiter.

Quiromancia

Existencia de un monte de Marte inmejorable. Incluso si éste es excesivo, el significado también es favorable. Si está ligado, indica firmeza, tenacidad, desprecio del peligro y de la opinión ajena. El pulgar debe ser largo.

Vicio

Astrología

Saturno domina casi siempre a los lujuriosos. También es posible la unión entre Venus y Luna.

Quiromancia

El monte de Venus está muy desarrollado y cubierto de un reticulado. El monte del Sol es alto. Un anillo de Venus se extiende desde la base del índice hasta el meñique, interrumpido sólo en dirección al monte de Mercurio y seguido en general por un doble anillo. Ramificaciones que se dirigen hacia abajo.

Voluntad

Astrología

Hay que estudiar la posición recíproca del Sol y de Marte. Estos dos astros, bien dispuestos, dan unos indicios excelentes, sobre todo si se encuentran en signos fijos. La voluntad es débil cuando la dominante es venusiana, lunar o mercuriana y cuando hay muchos planetas en signos móviles o en Piscis o en Cáncer.

Quiromancia

La primera falange del pulgar revela la voluntad; la segunda, la lógica. Un pulgar corto puede ser corregido por una buena línea de la cabeza y también por una segunda falange larga, ya que el individuo actúa sólo empujado por la razón. El pulgar que se pliega de manera automática en la parte interna de la palma de la mano revela esclavitud al instinto y abulia.